AF217684

Traugott Schächtele

Alles wird gut?!

Theologische Annäherungen an die Corona-
Pandemie

www.tredition.de

© 2021 Traugott Schächtele

Verlag und Druck:
tredition GmbH
Halenreie 40-44
22359 Hamburg

ISBN
978-3-347-23134-4 (Paperback)
978-3-347-23135-1 (Hardcover)
978-3-347-23136-8 (e-Book)

Bibliografische Information der Deutschen Nationalbibliothek: Die Deutsche Nationalbibliothek verzeichnet diese Publikation in der Deutschen Nationalbibliografie; detaillierte bibliografische Daten sind im Internet über http://dnb.dnb.de abrufbar.

www.tredition.de

Inhalt

Nachgedacht und vorgewagt

Reflexionen und Essays

Corona-Krise und Gottesglaube
Beitrag für Geistlich-Geistreiches auf der EKIBA-Website am 3.
März 2020
Seite 13

Alles wird gut!
Wort zum Tag in SWR 2 am 21. April 2020
Seite 17

Brauchen wir nach der Corona-Krise denn unsere Kirchen noch?
Erste Überlegungen zu den Konsequenzen der positiven
Erfahrungen mit Online-Gottesdiensten, veröffentlicht auf meiner
persönlichen Website am 15. April 2020
Seite 19

Corona, Verschwörung und die Theologie
Diskussions-Thesen im Rahmen einer Lehrveranstaltung in
Systematischer Theologie im Masterstudiengang
Religionspädagogik an der Evangelischen Hochschule in
Freiburg am 2. Juni 2020
Seite 29

Menschen auf Abstand – Gott ganz nah
Sieben Thesen zum Glück gottesdienstlichen Feierns im tristen
November 2020, veröffentlicht auf der Website der
Arbeitsgemeinschaft Christlicher Kirchen (ACK) in Baden-
Württemberg am 11. November 2020
Seite 33

Ist Weihnachten noch zu retten?
Impuls am Beginn des Pfarrkollegs "Predigttexte zu Advent und
Weihnachten 2020", vorgetragen am 23. November 2020
Seite 37

Predigten und Geistliche Worte

Gott ist in der Welt präsent
Predigt über Jesaja 66,12-14 im EKIBA-Streaming-Gottesdienst, übertragen im Südwestfernsehen aus der Peterskirche in Weinheim am Sonntag, 22. März 2020 (Laetare)
Seite 45

Stärker als das Virus verbreitet sich die Liebe
Geistliches Wort zu Markus 14,3-9, veröffentlicht auf der EKIBA-Website für den 5. April 2020 (Palmsonntag)
Seite 51

Ostern - unser Leben hier wandelt sich
Predigt über 1. Korinther 15, 19-22 im EKIBA-Streaming-Gottesdienst in der Kreuzkirche in Bretten am 12. April 2020 (Ostersonntag)
Seite 55

Der hat gut reden
Geistliches Wort über 1. Petrus 2,21b-25, veröffentlicht auf der EKIBA-Website für den 26. April 2020 (Misericordias Domini)
Seite 61

Neue Normalität?
Geistliche Einstimmung am Beginn der Lage-Konferenz des Evangelischen Oberkirchenrates am 27. April 2020
Seite 65

Protestlieder des Glaubens
Geistliche Kurzimpulse aus dem EKIBA-Streaming-Gottesdienst, aufgezeichnet in der Hochschule für Kirchenmusik in Heidelberg für den 10. Mai 2020 (Kantate)
Seite 69

Zwischen Gott und Mensch besteht kein Abstandsgebot
Geistliches Wort zum Pfingstfest, veröffentlicht auf der EKIBA-Website für den 31. Mai 2020 (Palmsonntag)
Seite 73

„Du stellst meine Füße auf weiten Raum!"
Bibelarbeit über Psalm 31,9, gehalten im Rahmen der Rüste der
Kirchendienerinnern und Kirchendiener im Hohenwart Forum am
15. Juli 2020
Seite 77

Eine kleine theologische Rechtfertigung des Sommers
Geistlicher Impuls am Beginn der Sitzung des
Landeskirchenrats im Albert-Schweizer-Saal in Karlsruhe am 22.
Juli 2020
Seite 85

Die Zoom-Botschaften des Propheten J.
Predigt über Jeremia 1,4-9 im Gemeindehaus „Uns Tauflucht" in
Neuendorf (Insel Hiddensee) am 7. August 2020 und in der
Inselkirche in Kloster (Insel Hiddensee) am 8. August 2020 (9.
Sonntag nach Trinitatis)
Seite 93

Irgendwie bin ich immer selber mittendrin!
Geistliches Wort zu Apostelgeschichte 6,1-7, veröffentlicht auf
der EKIBA-Website für den 6. September 2020 (13. Sonntag
nach Trinitatis)
Seiten 103

Es hat mich umgehauen
Geistliches Wort zu 2. Timotheus 1,7-10, veröffentlicht auf der
EKIBA-Website für den 27. September 2020 (16. Sonntag nach
Trinitatis)
Seite 107

Auch Gott trägt manchmal Maske
Geistlicher Impuls am Beginn der Delegiertenversammlung der
ACK Baden-Württemberg im Waldheim in Stuttgart-Degerloch
am 1. Oktober 2020
Seite 111

Ein Mund voller Lachen
Geistliches Wort zu 1. Mose 18,1-2.9-15, veröffentlicht auf der
EKIBA-Website für den 20. Dezember 2020 (4. Advent)
Seite 115

Gott gibt den Abstand auf
Predigt zum Fest der Weihnacht im Online-Gottesdienst der
Kirchengemeinde Schwetzingen, aufgezeichnet in der
Stadtkirche Schwetzingen für den 26. Dezember 2020 (2.
Weihnachtstag)
Seite 119

Gebete

Liebe, die ansteckt
Seite 127

Nachfolge, auf dem Weg zur Auferstehung
Seite 129

Kirche, die in Bewegung bleibt
Seite 131

Weitblick, der hoffen lässt
Seite 133

Kleine Corona-Gebete
Seite 135

Maskengebet
Seite 137

Nachgedacht und vorgewagt

Die Theologie bringt ihr Thema auf ganz unterschiedliche Weise zur Sprache. Sie spricht in lehrender und klärender Absicht. Sie spricht ermahnend und erbauend. Sie spricht fragend und klagend. Sie spricht im Beten und im Feiern. Aber nie spricht sie im luftleeren Raum. Immer geht es ihr um konkrete Menschen. Immer ist sie auf gelingende Kommunikation der Menschenfreundlichkeit Gottes angelegt.

Gleichsam als Beleg dieser These kann dieses hinter uns liegende Jahr der besonderen Herausforderungen durch die Corona-Pandemie gelten. Wenn Entwicklungen wie die Ausbreitung des Coronavirus Vertrautes und bisher in Geltung Stehendes, individuelle Gewohnheiten und gemeinschaftliche Praxis mit einem Mal in Frage stellen und Menschen an den Rand ihrer Existenz, viele auch darüber hinaus in leibliche Gefahr und sogar in den Tod bringen, kann Theologie dazu nicht sprachlos bleiben und tatenlos zusehen.

Nicht selten wurde ihr aber genau das zum Vorwurf gemacht: Die Kirchen hätten vielfach geschwiegen und wo nicht, hätten sie doch nichts zu sagen gehabt, was Menschen in dieser schwierigen Lage hilfreich zu Herzen gegangen sei. Stattdessen nur: geschlossene Kirchentüren und viel zu oft großes Schweigen.

Ich habe meine eigene Probe aufs Exempel gewagt. Wie in keinem anderen Jahr hatte dieses Corona-Jahr 2020 mein theologisches Reden und meine theologische Existenz bestimmt. Im Predigen und im Beten, in Lehre und öffentlicher Rede war das Ringen um eine Klärung der drängenden Fragen, um hilfreiche Deutung und um tragfähige Antworten unumgänglich. Darüber, ob mir zumindest in Ansätzen immer wieder auch gelungen ist, was ich mir vorgenommen hatte, mögen andere entscheiden – die, die zugehört haben, wie die, die die Texte jetzt mit diesem Buch nachlesen können. Dass wir uns nach der Krise viel zu vergeben haben, ist eine Binsenweisheit, die in der Krise auch jetzt längst schon gilt, ja die eigentlich nie außer Kraft gesetzt ist.

Gerade deshalb besteht für mich die entscheidende Trostbotschaft dieser Zeit der Pandemie in jenem Satz aus nur drei Wörtern, der vielfach unter den meist von Kinderhänden gemalten und in Fenster zur Straßenseite gehängten Regenbögen zu lesen war: Alles wird gut! Dass diese meist ganz säkular gemeinte Hoffnungsbotschaft sich des Regenbogens und damit eines biblisch geprägten Bildes bedient, hat mich nicht nur klammheimlich gefreut. Dieser Satz ist ja so etwas wie die Quintessenz eines Gottesglaubens, der im Gelingen nicht selbstherrlich banal wird und im Schweren nicht zerbricht.

Einmal mehr hat der Satz des irischen Schriftstellers Oscar Wilde seine Richtigkeit bewahrheitet: „Am Ende wird alles gut. Und wenn es nicht gut ist, ist es noch nicht das Ende!" Nein, Corona ist bestimmt noch nicht das Ende. Von dem uns von Gott Zugesagten steht doch noch etwas aus. Aber allein schon zu wissen, wo der Horizont sich verbirgt, über den hinaus das bleibend Gute doch unübersehbar aufsteigt wie ein Silberstreif, lässt mich hoffen – und leben!

Schwetzingen, am Beginn des Hoffnungsjahres 2021
Traugott Schächtele

Reflexionen und Essays

Corona-Krise und Gottesglaube
Beitrag für Geistlich-Geistreiches auf der EKIBA-Website
am 3. März 2020

Als ob wir mit dem Drama der Geflüchteten an der türkisch-griechischen Grenze, die Europa wieder einmal so schlecht und unmenschlich aussehen lassen, nicht genug hätten, um uns zu besinnen, was dran ist und was uns wahrhaftig gut zu Gesicht stünde! Dazu jetzt mit immer größerer Vehemenz: Corona! Kein Tag ohne neue Nachrichten zum Coronvirus. Wissenschaftlich korrekt Sars-CoV-2 oder manchmal auch Covid-19. Kaum noch eine Begegnung, irgendwo in der Stadt beim Einkaufen, im Bus oder im Zug, in der nicht etwas mitschwingt von der Sorge: Ist da womöglich ein Virenträger dabei? Bin ich gar selber bald betroffen? Und wenn da erst einer oder eine hustet, dann gibt's böse Blicke und ein schnelles Wegrücken.

Die Zahl derer, die sorglos einfach den Kopf in den Sand stecken, bröckelt. Immerhin! Auf der anderen Seite nimmt die Panik zu. Auch die Stigmatisierung von Menschen, die die Ursache allen Übels schon ausgemacht haben. Wer aus Asien kommt, ist schnell verdächtig. Wird nicht selten zur Zielscheibe rassistischer Anfeindungen. Manchmal reicht aber auch schon der Hinweis, den letzten Urlaub in Italien zugebracht zu haben. Wo ein bedrohliches Übel auftritt, muss ein Sündenbock her. Und dann sind da auch noch die Welterklärer von den Rändern der Religion, die meinen, diese Krankheit sei eine Strafe Gottes.

So heftig wir von dieser Corona-Welle getroffen werden. Es ist ein Geschehen, das unter den Bedingungen einer globalen Welt zu den nicht auszuschließenden Möglichkeiten

13

gehört. Was das Auftreten dieses Virus angeht. Was dessen Verbreitung betrifft. Auch was die heftige Erinnerung an die Zerbrechlichkeit menschlichen Lebens angeht. Es ist schon gar nicht das Werk irgendeines Gottes, der nach der ersten Sintflut nun wieder eine zweite schickt.

Kein Zweifel: Das Coronavirus und seine gravierenden Folgen fordern uns heraus. Den wissenschaftlichen Forschergeist, um einen Impfstoff zu finden. Den verantwortlichen Umgang miteinander. Auch den zeitweiligen Verzicht oder auf Änderungen im Blick auf beliebte Veranstaltungsformate. Bei Sport und Unterhaltung. Womöglich auch einmal auch bei Gottesdiensten, zumindest im Blick auf die Abendmahlspraxis.

Aber wir müssen Gott deshalb nicht außen vor lassen. Zukunft hat Gott diesem Planeten und allen die auf ihm leben zugesagt. „Solange die Erde steht", werden „Saat und Ernte, Frost und Hitze, Sommer und Winter, Tag und Nacht" nicht aufhören. Das war Gottes großer Deal mit den Menschen, Gottes bleibende, lebensfreundliche Zusage nach der großen Flut. Aber wir Menschen müssen das unsere mitbeitragen. Müssen die Erde zu unserem Schonraum erklären. Müssen unserer Bewahrungsverantwortung gerecht werden.

Mitnichten deutet sich der Untergang der Welt an - da gibt es andere, gefährlichere Themen, Gott sei's geklagt -, sondern die Notwendigkeit der Intensivierung unserer Fürsorge für diesen Lebensraum. Weil nichts selbstverständlich ist. Leben ist ein Geschenk. Eines, das nicht selbstverständlich ist und mit dem wir sorgsam umgehen müssen. Diese Einsicht bleibt. Oder muss neu in

Erinnerung gerufen werden. Auch dann, wenn die Corona-Krise überstanden ist. Dann womöglich erst recht!

Alles wird gut!

Vor ungefähr drei Wochen habe ich die ersten Regenbögen in den Fenstern entdeckt, die einzelnen Farbbögen meist von Kinderhänden ausgemalt. Mit einem Male waren sie in ganz vielen Fenstern zu sehen. Erst dann hat mir jemand von dieser aus Italien stammenden Aktion erzählt. Sie soll in der besonderen Situation, in der wir leben, Mut machen. Unter vielen der Bilder steht der Satz: „Alles wird gut!" Ein mutiger Satz. Gerade weil es in diesen Tagen der Gefährdung längst nicht für alle gut gegangen ist. Und immer noch nicht gut geht. Eher eine Durchhalteparole also? Überhaupt nicht. Vielmehr ein Satz, der hilft, dass das Leben erträglich bleibt. Auch in schwierigen Zeiten. „Alles wird gut!" Wenn ich diesen Glauben nicht teilen könnte, dann könnte ich das Leben nicht aushalten.

Wie gut, denke ich, dass dieser Satz mit dem Zeichen des Regenbogens verbunden ist. Die Zusage Gottes nach der großen Flut – sie gilt also bis heute. „Solange die Erde steht, soll nicht aufhören Saat und Ernte, Frost und Hitze, Sommer und Winter, Tag und Nacht!" (1. Mose 8,22) Als Zeichen, dass er es ernst meint, schließt Gott mit den Menschen Frieden. Seinen Bogen, seine Waffe, legt er in die Wolken. Als Regenbogen wird aus dem Kriegsgerät dann ein Hoffnungssymbol. Ein Zeichen, das schon eine lange Geschichte hinter sich hat. Im 16. Jahrhundert haben die Bauern mit diesem Zeichen ihre Hoffnung auf ein besseres Leben verbunden. Auch wenn viele ihrer Forderungen erst viel später erfüllt wurden. Als Protest gegen den Irak-Krieg habe ich im Jahre 2003 ein großes Regenbogenbanner an unserem Haus aufgehängt. Auch damals kam der Ursprung der PACE-Bewegung aus Italien.

Unter dem vielfarbigen schützenden Bogen kann ich also Schutz finden. Indem ich mich all den Menschen verbunden fühle, die mit mir gegen alles, was diese Zukunft düster macht, anhoffen. Gerade in diesen Tagen tut mir das gut. Erste Hoffnungszeichen gibt es. Einiges von dem, worunter Menschen zu leiden haben, könnte bald der Vergangenheit angehören. Auch wenn sich vieles, was Menschen bis ins Mark getroffen hat, nicht rückgängig machen lässt. Kleine Hinweisschilder in eine bessere Zukunft sind diese Regenbögen also, die die Kinder malen und ins Fenster hängen. Ich hoffe, dass sie nicht so bald verschwinden.

Brauchen wir nach der Corona-Krise denn unsere Kirchen noch?

Erste Überlegungen zu den Konsequenzen der positiven Erfahrungen mit Online-Gottesdiensten, veröffentlicht auf meiner persönlichen Website am 15. April 2020

Online-Gottesdienste sind ein „Erfolgsmodell"

Noch ist der Shutdown nicht zu Ende. Bereits seit dem 17. März gilt auch für die Kirchen in Baden-Württemberg ein Versammlungsverbot. Gottesdienste können seitdem nicht mehr wie gewohnt in Kirchen gefeiert werden. Das war aber nicht das Ende des gottesdienstlichen Feierns. An gottesdienstlichen Angeboten besteht weiterhin kein Mangel. Auch Karfreitag und Ostern sind nicht ausgefallen – im Gegenteil!

Kaum war das Faktum des Versammlungsverbotes in der Welt, war der Kreativität der Kommunikation des Evangeliums keine Grenze mehr gesetzt. In unterschiedlichster Form haben Pfarrerinnen und Pfarrer, Diakoninnen und Diakone, Kirchenmusikerinnen und Kirchenmusiker, nicht selten unterstützt von Menschen, die mit hoher Kompetenz in den sozialen Medien unterwegs sind, Ideen entwickelt, als hätten sie auf diese Gelegenheit nur gewartet.

Ich habe ganz unterschiedliche Weisen des Bemühens wahrgenommen, mit den Menschen in Kontakt zu kommen, denen das kommunikative Bemühen der Kirche gilt. Es waren und sind dies:

Print
1. Die traditionellen Print-Gemeindebrief
2. In die Briefkästen eingeworfene Predigten oder gar Predigtsammlungen (zum Teil mit beigelegten CDs), geistliche Worte und Formulare für häusliche Andachten
3. In offenen Kirchen ausgelegte Texte

Audio
4. Telefonandachten
5. Audio-Andachten und -Ansprachen (meist über Internet-Links abrufbar)

Visuell
6. Vorab aufgezeichnete Gottesdienste, teilweise aus verschiedenen Bild- und Tonquellen zusammengestellt, manchmal mit Kircheninnen- bzw. -außenansichten als Hintergrund
7. Live gestreamte Gottesdienste, die auch danach noch zum Download bereitstehen.

Daneben gibt es Kombinationen unterschiedlichster Spielart, Texte, die man sich von der Website der Gemeinde herunterladen kann, nicht selten auch Liedblätter, die zu den Gottesdiensten heruntergeladen werden können.

Schon jetzt stellen sich Fragen: Sind das alles vorübergehende Lösungen, die aus der Not geboren werden? Wird auf diese Weise nur beschleunigt, was in wesentlich langsamerem Tempo und nach Überwindung unterschiedlichster Bedenken ohnedies gekommen wäre? Was wird nach dem Exit aus dem gegenwärtigen Zustand bleiben? Können wir – um es etwas provokativ und pointiert zu formulieren – die meisten unserer Kirchen verkaufen, mit Ausnahme der Kirchen, die sich für die Feier von online-Gottesdiensten eignen?

Letzteres wird sicher nicht der Fall sein! Dennoch möchte ich nachfolgend einige meiner Gedanken und Erfahrungen insbesondere mit den Online-Gottesdiensten in Thesen reflektieren. Ich selber habe bisher Erfahrungen mit drei Varianten von Online-Gottesdiensten sammeln können: Zum einen mit einem Gottesdienstformat, das mit einem durchaus ansehnlichen technischen Standard gemeindlich gefeiert und gestreamt wurde. Zum zweiten mit einem Gottesdienstprojekt, das mit verstärktem Einsatz im Bereich der Produktion und Vorbereitungsaufwand für die Landeskirche insgesamt verbreitet wurde; zum dritten mit einem ähnlichen Projekt, das aber zugleich im öffentlich-rechtlichen Fernsehen live gesendet worden ist.

Natürlich ist der Erprobungszeitraum noch zu kurz, um hier auf abgesicherter Basis zu Bewertungen zu kommen. Ich kann auch nicht auf Befragungen von Userinnen und Usern zurückgreifen. Dennoch sehe ich durchaus Linien, an denen entlang auch noch vertiefte Auswertungen vorgenommen werden können. Zehn davon möchte ich nachfolgend etwas vertiefen und damit einen Beitrag für die noch ausstehende weitere Debatte leisten!

Thesen

1. Qualitätsmäßig anspruchsvolle online gefeierte Gottesdienste sind nicht einfach „Abfilmungen" des normalen und vertrauten Gottesdienstformats. Sie sind *eigens für diesen Anlass komponierte Inszenierungen*, die ausdrücklich von den für die Zuschauenden entstehenden Bildern

bestimmt sind. Insofern ist der leere Kirchenraum eher sekundär, er muss nicht einmal gezeigt werden. Entsprechende Hinweise auf diesen leeren Raum, die bei den ersten derartigen Gottesdiensten zum Begrüßungsstandard gehört haben, sind im weiteren Laufe der Sonn- und Feiertag zusehends verschwunden. Mit mehreren Kameras und einem vorbereiteten Drehbuch lassen sich etwa Details im Kirchenraum mit Wort und Musik interpretierend verbinden. Ähnliches gilt für Tanz und dramatisierende Elemente. Charlotte Magin, Helmut Schwier u.a. haben dafür schon vor Längerem in ihrem Buch „Kanzel, Kreuz und Kamera" Wesentliches benannt und reflektiert.

2. Online-Gottesdienste werden von nicht wenigen Gemeindegliedern durchaus als *Alternative zu den derzeit nicht möglichen Gottesdiensten in kirchlichen Räumen* wahrgenommen und gefeiert. Viele schaffen sich zu Hause eine angemessene Teilhabe- und Mitfeiersituation mit Kerzen, schön gerichtetem Tisch etc. und singen auch die Lieder mit. Es bleibt offen, ob diese Bereitschaft eine nachhaltige ist oder ob sie mit zunehmender Dauer des Shutdowns abflacht. Die häusliche Situation hat insofern zumindest für viele Ausnahmecharakter, da die Menschen ja meist allein oder zu zweit mitfeiern. Zudem birgt die heimische Situation jede Menge Ablenkungen. Wie Menschen das empfinden, müsste konkret erfragt werden.

3. Online-Gottesdienste sprechen nicht zuletzt Menschen an, die auch andere elementare Lebenssituationen auf diese Weise gestalten. Die Gottesdienste erreichen auf diese Weise durchaus eine *erweiterte, social-media-affine Zielgruppe*. Diese wird aber nicht einfach immer mitfeiern, sondern muss durch ein dieser Gruppe entsprechendes Angebot gebunden oder immer neu gewonnen werden. Hier

wird also untersucht werden müssen, inwieweit Menschen überhaupt den ganzen Gottesdienst mitfeiern und ob sie dies auch wiederholt tun würden.

4. Die Zahl der *Abrufe der Gottesdienst-Clips nach Ende des Livestreams* ist um ein Mehrfaches höher als die derjenigen, die den Gottesdienst in Echtzeit mitfeiern. Insofern zeigt sich hier eine Entwicklung, die sich längst auch in der Fernsehnutzung nachweisen lässt. Die Abrufzahlen würden – wenn sich dahinter mehrheitlich Personen mit einem auf das Feiern von Gottesdiensten ausgerichteten Interessen verbergen – die einzelnen Kirchenräume in ihrer Kapazität überfordern. Überdies gilt: Je jünger die Nutzer, desto größer ist die Bereitschaft, den Gottesdienst zu einem anderen als dem live bespielten Zeitpunkt herunterzuladen und anzuschauen bzw. mitzufeiern; und das vermutlich nicht unbedingt in voller Länge. Hier müssten verstärkt auch mit zielgruppengenauen Kurzformaten Erfahrungen gesammelt und ausgewertet werden.

5. Gute und auf Dauer nachgefragte Online-Gottesdienste sind auf eine nicht unerhebliche qualitätsmäßig *hochwertige und damit auch teurere technische Grundausstattung* angewiesen. Zudem müssen sie *aufwändig vorbereitet* und *mit dafür geschulten Personen* durchgeführt werden. Dies kann nicht zusätzlich neben der Verantwortung für die in den Kirchen allsonntäglich gefeierten Gottesdienste geschehen, und es erfordert durchaus noch einmal andere professionelle und im Einzelfall zu erwerbende Kompetenzen. Hier müsste u.U. mit einem Rhythmus gearbeitet werden, der größere Intervalle beinhaltet. Einfach „Draufsatteln" geht aber auf jeden Fall nicht.

6. Erstaunlicherweise hat sich sehr schnell gezeigt, dass in der aktuellen Situation der Verweis auf bereits bestehende Gottesdienstangebote (ZDF-Gottesdienste bzw. DLF-Gottesdienste) bzw. die Übertragung weiterer Gottesdienste zwar durchaus angenommen wird und dort zu höheren Quoten führt. Dennoch gibt es eine *unübersehbare Tendenz zu lokalen bzw. regionalen Angeboten*, bei denen die „eigene" Kirche oder der „eigene" Pfarrer bzw. die „eigene" Pfarrerin zu sehen sind. Lokale und regionale Angebote sind durchaus in der Lage, die Rezeption der womöglich viel aufwändigeren überregionalen Angebote zu toppen. Anders ist kaum zu erklären, warum binnen kürzester Zeit die Kurve der gottesdienstlichen Vorort-Angebote unterschiedlichster Art derart nach oben geschnellt ist. Kirche ist für viele Menschen mit dem Erlebnis von räumlicher Nähe und vertrauter Personen verbunden. Hier wird zu klären sein, inwieweit regionale Angebote hier zumindest entlastend wirken können.

7.. Die nötigen Voraussetzungen in Hardware und Software sowie – trotz Vorhandensein - das fehlende technische Erfahrungswissen schaffen *neue Segmentierungen der Gemeinde*. Wer Gottesdienste nicht online mitfeiern kann, bleibt erst mal bei dieser Form des Feierns außen vor, zumal das Mitfeiern bei Dritten ja auch nicht möglich ist. Er oder sie ist darauf angewiesen, dass zumindest „Ersatzprodukte" in gedruckter Form zur Verfügung gestellt werden.

8. Online-Gottesdienste haben eine engagiert ausgetragene Debatte zum *Umgang mit dem Abendmahl* ausgelöst. Die Frage ist, ob Menschen eingeladen werden sollen, die Abendmahlsliturgie live oder mit dem später heruntergeladenen Video-Clip mitzufeiern und mit vorbereiteten

Elementen zu Hause am Abendmahl teilzunehmen. Hier gibt es zwischen einem rigorosen „das geht gar nicht" über ein abwartendes „so groß ist die Not nun doch noch nicht; im Übrigen ist Christus auch ohne Abendmahl im Gottesdienst durch das Wort präsent" bis hin zu einem eindeutigen „warum denn nicht" ein breites Spektrum der Positionen. Zu klären wäre nicht zuletzt die Frage, ob denn der Leib Christi nur analog oder auch virtuell erlebbar sein kann. Tatsächlich könnte sich das theologische Problem fürs Erste dadurch lösen oder zumindest entschärfen lassen, dass Menschen ermutigt werden, in Ausübung ihres Priestertums aufgrund der Taufe eine häusliche Abendmahlsfeier zu leiten. Dies ist durchaus auch geschehen. Ökumenisch könnte diese Praxis aber sicherlich ordentlich Sprengstoff enthalten und muss in den Dialog der Kirchen proaktiv eingebracht werden.

9. Im Blick auf die Zukunft der online gefeierten oder ins Netz gestellten Gottesdienste müsste deren *eigenständiges Profil* im Verhältnis zu den in absehbarer Zeit sicher auch wieder in Kirchenräumen gefeierten Gottesdiensten geklärt werden. Sofern sie nur als „Ersatz-Veranstaltung" verstanden werden, müssten sie nach einer Phase der Normalisierung der aktuellen Situation wieder verschwinden. Tatsächlich bieten diese Gottesdienste aber ein durchaus nachgefragtes eigenständiges „Produkt" kirchlichen Handelns an, das beibehalten und weiterentwickelt werden sollte, weil es dem Lebensgefühl und dem Nutzerverhalten einer Gruppe entspricht, der die traditionellen Angebote weder vom Charakter noch vom Zeitpunkt noch vom Erlebnis her zusagen. Hier wird noch weiter zu untersuchen sein, wie solche Angebote zu profilieren sind.

10. Online-Angebote im Bereich Gottesdienst sind auf die Voraussetzung eines ausdrücklich formulierten kirchenleitenden Willens und der theologischen Durchdringung damit verbundener Fragen angewiesen. Dabei müssen mit den entsprechenden Formaten und den angesprochenen Milieus vertrauten Personen in die Entscheidungsprozesse einbezogen werden. Zudem sind die Interessen und das Userverhalten der angesprochenen Zielgruppen direkt bei diesen und mit diesen zu erheben.

Wie könnte es weitergehen?

Wenn ich einen Blick in die Zukunft nach den Monaten der Corona-Krise wage, sehe ich drei Entwicklungen:

1. Die hohe Dichte der gestreamten Gottesdienste, so wie wir sie in der derzeitigen Situation haben, wird so nicht aufrecht erhalten bleiben. In vielen Fällen wird nach Aufhebung des Versammlungsverbots dem in der Kirche vor Ort gefeierten Gottesdienst wieder die höchste Priorität zukommen. Trotzdem werden auch dann Veränderungen zu beobachten sein. Ergänzend zu dem Textdokument der Predigt wird in viel mehr Fällen als vorher eine Audio- oder sogar Videodatei des Gottesdienstes auf der gemeindlichen Website abzurufen sein. Der Umgang mit digitaler Technik wird selbstverständlicher und in vielen Fällen auch genutzt.

2. Wenn gottesdienstliche Online-Angebote künftig in stärkerem Maße zur Umsetzung gelangen, erkenne ich unterschiedliche Ebenen: Gemeinden mit starker (auch finanzieller) Infrastruktur nutzen diese Möglichkeit weiterhin selber. Sie erkennen die Chance, neben der bisherigen

Zielgruppe andere Menschen oder diese Menschen auch noch einmal anders zu erreichen. Neben dieser selbstgesteuerten Nutzung könnte es auch eine regional oder bezirklich vereinbarte geben. Darüber hinaus könnten landeskirchlich verantwortete Angebote hier noch einmal unterstützend wirken. In allen Fällen werden die Ressourcen kaum ausreichen, dass ein Anbieter hier an jedem Sonn- oder Feiertag aktiv ist – es sei denn, es geht nur um ein Streaming dessen, was ohnedies vor Ort geschieht, was ja durchaus auch ein gewinnbringender Nebeneffekt wäre.

Denkbar sind auch eigenständige Angebote in einem anderen als dem an gottesdienstlichen Liturgien orientierten Format (die es ja durchaus auch schon gibt). Auf das Kirchenjahr oder auf einen Anlass bezogene Videoclips (etwa die Situation in einem Krankenhaus, die Beziehung Großeltern und Enkel, die Sorge um das Klima u.a. aufnehmend) können ganz eigene Muster des Feierns möglich machen – und dies durchaus auch mit interaktiven Elementen oder solchen, die stark mit dem arbeiten, was Menschen uns an Ideen und Dateien zur Verfügung stellen. Wichtig sind hier m.E. auch ausdrückliche „Kurzformate". Hierbei stünde von Anfang an nicht der Live-Charakter, sondern das Spezifische des Angebots im Vordergrund.

3. In alle weiteren Überlegungen einzubeziehen wird zudem die Thematik einer digital orientierten „gemeindevergleichbaren Community" sein, d.h. einer Gemeindeform, die sich nicht parochial oder auf ein Kirchengebäude bezogen definiert. Hier liegen zumindest im landeskirchlichen Kontext theologische Reflexionsprozesse bzw. etablierte Modelle noch nicht in auswertbarer Form vor. Es wäre aber sehr spannend zu beobachten, ob die Ergebnisse der coronabedingten Krise nicht einen Push bewirken.

Dann werden sich aber auch Fragen wie die oben in These 8 formulierten in neuer Dringlichkeit stellen und Vielen – und ganz sicher auch mir selber! – Umdenkprozesse oder theologische Neuorientierungen zumuten.

Fazit

Wichtig ist hier in jedem Fall, dass die Online-Angebote keine Konkurrenz zu den ohnedies gefeierten Gottesdiensten darstellen. Sie erreichen einfach noch einmal einen erweiterten Personenkreis und bedienen andere Erwartungen.

Meines Erachtens wäre es durchaus wünschenswert, die aufs Ganze gesehen überwältigend positiven Erfahrungen mit den live gestreamten und online abrufbaren Gottesdiensten nicht als ein vorübergehendes Phänomen zu betrachten. Auch wenn sicher deshalb keine Kirchen verkauft werden müssen, sollten ausreichend Bemühungen angestrengt oder unterstützt werden, Online-Gottesdienste als Chance zu betrachten, die auch nach einem erfolgreichen Exit aus dem Shutdown weiter genutzt werden muss. Insofern hätte sich die gegenwärtige Krise dann als Katalysator erwiesen, der eine im Grundsatz schon angedachte Entwicklung in relativ kurzer Zeit zur „Serienreife" gebracht hat.

Dies gilt durchaus auch für andere positive Erfahrungen, die in dieser Krise gemacht werden konnten (vor allem auch die jetzt zahlreichen Videokonferenzen, Homeoffice-Erfahrungen etc.) – aber all das wäre am Ende immerhin auch ein nachhaltig wirksamer Krisengewinn!

Corona, Verschwörung und die Theologie
Diskussions-Thesen im Rahmen einer Lehrveranstaltung in Systematischer Theologie im Masterstudiengang Religionspädagogik an der Evangelischen Hochschule in Freiburg am 2. Juni 2020

1. Wann immer im Lauf der Geschichte Katastrophen zu bewältigen sind, Seuchen, Pandemien, Naturkatastrophen und Bedrohungen, werden Schuldige gesucht. Wenn ich die Ursache klären bzw. den Urheber benennen kann, verliert der Schrecken seine Zufälligkeit. Kontrollverlust und Kontingenzerfahrungen sind der Nährboden von Verschwörungstheorien.

2. Die Coronakrise bildet hier keine Ausnahme. Neu sind (a) der globale Charakter („Ökumene des Entsetzens") und (b) die grundsätzliche wissenschaftliche Erklärbarkeit und Einordnung („Primat der Virolog:innen"). Aber auch nach der Aufklärung setzen sich das diffus Numinose und die Verdrängung der Rationalität durch. Die Reaktionsmechanismen unterscheiden sich im Wesentlichen nicht von denen früherer Bedrohungsszenarien.

3. Der tragisch-klassische Masterfall des Umgangs mit vermeintlicher, subjektiver Bedrohung ist der Umgang mit Menschen jüdischen Glaubens. Seit Jahrhunderten sind sie „schuld" an der Pest, an wirtschaftlicher Ausbeutung, am Zusammenbruch des Vertrauten, am Entstehen oppositioneller Gruppierungen etc. Die Geschichte des Antisemitismus und des Antijudaismus ist der Masterfall des Umgangs mit undurchsichtigen und nicht bewältigbaren Ereignissen.

4. Die Historische Theologie beschreibt diesen Typus nicht nur historisch, sondern blickt auch auf die Rolle verwendeter und wiederholter religiöser Grundmuster mit dem Ziel, im Verstehen Vergleichbares für die Zukunft zu verhindern.

5. Die Alttestamentliche Wissenschaft beschreibt den Zusammenhang von Gottesglauben und religiöser Entwicklung an der Schnittstelle zweier religiöser Systeme, beschreibt die Vorfindlichkeiten, bewertet die Legitimität der bestehenden Beziehungslinien und nimmt die notwenige Differenzierung im Verhältnis Judentum und Christentum in den Blick. Sie ruft zugleich maßgebliche ethische Grundformate in Erinnerung, wie etwa die Aufforderung des achten Gebots: „Du sollst nicht falsch Zeugnis reden!"

6. Die Neutestamentliche Wissenschaft wertet zentrale Basistexte des Christentums daraufhin aus, inwiefern und wie sich hier Ursachen, Spurenelemente und immanente Kritik insbesondere am Antijudaismus finden. Sie untersucht hier also die binnenreligiöse DNA.

7. Die Praktische Theologie bewertet und reflektiert die Praxis der Religion und bringt den Ertrag in den kontinuierlichen Prozess der Ausbildung der Hauptamtlichen und der religiösen Bildung überhaupt ein (Unterricht, Predigt etc.). Im Dialog mit anderen Humanwissenschaften werden Möglichkeiten der Begleitung von Menschen, angstfreier Dialog und angemessener Umgang mit Anderem erlernt und vertieft.

8. Die Systematische Theologie ist hier nur scheinbar außen vor. Indem sie Theologie und Anthropologie in eine rational verantwortbare und für Dritte nachvollziehbare

Beziehung setzt, lassen sich aus ihren Erkenntnissen Aussagen zur gleichen Würde aller Menschen, zur Wahrhaftigkeit und Verlässlichkeit unseres Umgangs miteinander und zur Notwendigkeit eines nachhaltigen Umgangs mit und in unserer Mitwelt ableiten. Sie hält Theologie anschlussfähig im Dialog mit anderen Schlüsselwissenschaften und beschreibt zugleich, wo Unterscheidbarkeit wie auch Mehrwert gegenüber anderen Sinnstiftungssystemen liegen. Dies tut sie durch den Rekurs auf Gott und Gottes Präsenz in der Welt in seinem Platzhalter („Sohn") und dem Anspruch auf gottgeschenkte Gemeinschaft („Geist").

9. Im Blick auf Corona widerlegt sie die Behauptung, Gott würde mit den Mitteln der Vernichtung die Menschen zur Umkehr von „schädlichem Tun" (wer definiert das?) abhalten, würde Menschen aufgrund ihres Glaubens auch in unverantwortlichem Umgang mit vernünftigen Verhaltensmaßnahmen „gegen die Regeln der Natur" schützen und Menschheit und Welt in tätige Systeme („Täter) und Opfer auseinander dividieren.

10. Ihre Aufgabe ist es vielmehr, auf die Kontingenz des Seins, bleibende bedrohliche Anteile der Schöpfung und die Fragilität des Seins hinzuweisen. Zugleich zeigt sie Wege auf, im Zerbrechlichen, im Beschädigten und Unvollkommenen den bleibenden Wert und die Schönheit der Schöpfung wahrzunehmen („Ästhetik des Vulnerablen").

Menschen auf Abstand – Gott ganz nah
Sieben Thesen zum Glück gottesdienstlichen Feierns im tristen November 2020, veröffentlicht auf der Website der Arbeitsgemeinschaft Christlicher Kirchen (ACK) in Baden-Württemberg am 11. November 2020

„Kneipen, Sportplätze, Museen – alles geschlossen, um die Verbreitung des Coronavirus zu bremsen. Doch warum dürfen ausgerechnet Gotteshäuser (…) offen bleiben?" Auf der Website des SWR stand diese Frage unlängst am Anfang eines kritischen Kommentars. Ich nehme das zum Anlass, nicht einfach nur pikiert zu reagieren, sondern mache mir dazu Gedanken.

1. Zunächst: Der beschriebene Sachverhalt trifft zu. Im Unterschied zum ersten Lockdown zwischen Mitte März und Anfang Mai sind die Kirchen mit ihren Gottesdiensten dieses Mal nicht betroffen. Das wollen wir dankbar registrieren. Die politisch handelnden Personen – darunter die Bundeskanzlerin und auch der Ministerpräsident von Baden-Württemberg – sind offensichtlich der Meinung, dass zu den Aktivitäten, die im „kleinen Lockdown" derzeit nicht untersagt bleiben sollen, das gottesdienstliche Feiern gehört. Das ist allemal Grund zur Dankbarkeit. Selbstverständlich ist es jedenfalls nicht.

2. Dahinter verbergen sich womöglich noch weitere Überlegungen. Die Pandemie fordert den Menschen in diesem Jahr sehr viel ab. Menschen fühlen sich unter Druck, allein und alleingelassen, schuldig, wenn sie anderen nicht im gewohnten Maß zur Seite stehen können, vielfach auch überfordert. Dazu kommen Fragen nach der Verletzlichkeit

und der Endlichkeit unseres Lebens. Zu den Quellen, die Menschen dennoch getrost leben lassen, gehören ihre tragenden Grundüberzeugungen, für Christenmenschen ihr Glaube. Zu den Möglichkeiten, diesen Glauben auch unter schwierigen Bedingungen zu leben und mit anderen zusammen zu feiern, gehören Gottesdienste. Wenn Menschen weiter Zugang zu diesen Quellen haben, verbirgt sich dahinter die Einsicht, dass gottesdienstliches Feiern auch eine – freilich andere – Art des schützenden Umgangs mit Leben ist.

3. Das Feiern der Gottesdienste spielt sich aber durchaus in einem rechtlich und verfassungsmäßig höchst geschützten Raum ab. Es muss schon gute Gründe geben, die freie Ausübung der Religion in Form des gottesdienstlichen Feierns einzuschränken. Es gibt derzeit solche Gründe. Deshalb sind viele kirchliche Aktivitäten ähnlich wie die anderer Organisationen nicht im normalen Umfang möglich. Gottesdienste sind da eher die Ausnahme. Sie sind auch nicht einfach gesellig oder bedienen soziale Bedürfnisse. In den Gottesdiensten schlägt, wenn auch auf unterschiedliche Weise, das Herz der Kirchen. Insofern war es im März eine Ultima Ratio, wenn das Feiern öffentlicher Gottesdienst für einige Wochen ausgesetzt wurde. Laut schreiend durch die Innenstädte zu laufen und dem Staat blinde Verbotswillkür zu unterstellen, ist deshalb einfach nur „verquer" – mit Querdenken hat das wenig zu tun.

4. Die Kirchen der ACK wissen sich im Glauben an den dreieinigen Gott auf der Grundlage der Bibel und des Bekenntnisses von Nicäa-Konstantinopel miteinander verbunden. Weil dies auch ihr gottesdienstliches Feiern betrifft, sind sie darum bemüht, ihrer Verantwortung gegenüber Gott und den Menschen gerecht zu werden. Deshalb

nehmen sie die jeweils gültigen Rahmenbedingungen und staatlichen Verordnungen sehr ernst und setzen die notwendigen Schutzmaßnahmen um. Diese sind immer aktuell auch auf der Website der ACK-Baden-Württemberg nachzulesen. Der christliche Glaube leistet nicht dem Ausstieg aus der gesellschaftlichen Verantwortung Vorschub, sondern nimmt die Schutzbedürftigkeit der Mitmenschen sehr ernst.

5. Insofern ist die Möglichkeit des gottesdienstlichen Feierns nicht einfach nur ein Recht, sondern auch eine aus guten Gründen bewahrte und zugestandene Möglichkeit. Indem wir sie nutzen, nehmen wir nicht nur das Recht auf persönliche Erbauung wahr, sondern lassen uns geistlich stärken, um fürsorglich für andere tätig sein zu können. Im Vergleich zu unseren Geschwistern, die ihren Glauben derzeit an vielen Orten der Welt in Bedrängnis leben, haben wir auch im November 2020 wahrhaftig immer noch Grund genug zur Dankbarkeit.

6. Es gibt Anlass genug, auch das Leiden der anderen wahrzunehmen. Dazu gehören zuerst diejenigen, die coronabedingt Leid und Tod erfahren mussten. In den solidarischen Blick sind aber in der Tat auch diejenigen zu nehmen, die in diesem Monat erneut in ihrer wirtschaftlichen Existenz bedroht sind, u.a. die Besitzer und Inhaber gastronomischer Betriebe, aber auch Künstlerinnen und Künstler, um nur zwei Gruppen zu nennen. Sie und andere verhelfen mit ihrem Tun dazu, dass Menschen gut und schön leben können. Im Moment tragen sie mehr als andere dazu bei, das Ziel der Verringerung der Kontakte zu erreichen. Das möchte ich ausdrücklich wahrnehmen und damit die Bitte verbinden, Möglichkeiten der Solidarität

und Unterstützung zu suchen. Nicht nur einzelne, sondern die Gesellschaft als ganze hat ihnen viel zu (ver)danken!

7. Wir gehen auf den Advent und auf das Fest der Weihnacht zu. Die Menschwerdung Gottes stellt einen unüberbietbaren Kontakt her, den wir in zwischenmenschlicher Nähe in diesem Jahr so nicht abbilden können. Aber es steht nicht in Frage, dass Gott uns gegenüber auf jedes Abstandsgebot verzichtet. Damit wir dies im Dezember 2020 feiern können, mutet uns der November auch als Kirchen zu, unseren Beitrag zum Brechen der Corona-Welle zu leisten. Niemand wird darüber glücklich sein. Aber das Ziel, den Menschen die weihnachtliche Botschaft nahe zu bringen, ist, so denke ich, die Einschränkungen wert. „Mach's wie Gott: werde Mensch!" – so lautet eine zugegebenermaßen flapsige Zusammenfassung des Weihnachtsevangeliums. Einander Mensch zu werden und zu bleiben – das sieht in diesen Tagen vielleicht anders aus als sonst.

Ist Weihnachten noch zu retten?
Impuls am Beginn des Pfarrkollegs "Predigttexte zu Advent und Weihnachten 2020", vorgetragen am 23. November 2020

„Ist Weihnachten noch zu retten?" Der Spiegel machte am vergangenen Wochenende mit dieser Schlagzeile auf. Und wen wundert's: Ich habe mit Neugier reagiert. Und natürlich mit innerem Widerspruch.

Wer soll denn da Weihnachten retten? Die Kanzlerin mit der Runde der Ministerpräsidentinnen und Ministerpräsidenten? Der Bundestag mit dem neuen Infektionsschutzgesetz? Die Querdenker?

Und dann auch: Vor wem soll Weihnachten gerettet werden? Vor dem Coronavirus? Vor den Virologen? Vor der Ängstlichkeit oder vor der Sorglosigkeit der Menschen?

Was heißt das überhaupt: Weihnachten retten? Wer oder was soll da gerettet werden? Die traditionellen Gottesdienste? Das Festmahl im großen Kreis zu Hause? Die familiären Zusammenkünfte? Der Besuch bei der Oma oder beim Opa im Pflegeheim?

Oder geht's eher um das Dinner im feinen Lokal? Um den Besuch im Weihnachtszirkus oder im weihnachtlichen Festkonzert? Und natürlich soll gleich auch noch Silvester mit gerettet werden. Vor allem das Feuerwerk, das in einer Nacht soviel Gift in die Luft abgibt wie alle Autos in zwei Monaten.

„Ist Weihnachten noch zu retten?" Wir sind hier auf alle Fälle ein kleines Rettungsteam! Denn aus Ihrem Kreis wurde ich ermutigt, dieses Pfarrkolleg nicht ausfallen zu lassen. Und zumindest dieses Pfarrkolleg zu retten. Ich bin also auf unsere Rettungsmanöver gespannt.

Dabei gilt am Ende ohnedies: Wir müssen Weihnachten gar nicht retten! Wir können's wahrscheinlich nicht einmal. Genau umgekehrt wird ein Schuh draus! „Euch ist heute der Retter geboren!" Das ist doch der Kernsatz der Botschaft der Engel. Es geht also mitnichten darum, dass wir Weihnachten retten.

Weihnachten – oder das, was wir jedes Jahr als Fest der Weihnacht feiern, hat es mit unserer Rettung zu tun. Weihnachten ist ein Rettungsprojekt zugunsten der Menschen. Der Menschen, deren Lebensgrundlage spröde wird und brüchig. Oder einfach nur selbstverständlich. Weihnachten ist ein Fest uns zugut. Ein Projekt des Perspektivwechsels in eingefahrenen Lebensroutinen. Ein Fest zugleich zugunsten der ganzen Schöpfung. Ein Fest zugleich auch der Herausforderung für uns als Predigerinnen und Prediger. „Frieden auf Erden allen Menschen guten Willens!" singen da die Engel. Von Anfang an ist Weihnachten also kein Fest hinter sicheren Kirchenmauern.

Weihnachten – davor gibt es erst noch die Zeit, in der wir uns einüben, diesen anderen Blick zu gewinnen. Die Zeit, in der wir zu erspüren suchen, was da eigentlich auf uns zukommt. Vor Weihnachten kommt die Zeit des Advents! Unverzichtbar ist für mich diese Schleuse zwischen Alt und Neu. Zwischen Ende und Anfang. Zwischen November-Tristess und Dezember-Jubel. Die von der Idee her stilleren Tage des Advents – ihnen gehört meine besondere

Zuneigung. Jedes Jahr von Neuem sehne ich den Advent herbei. Und lasse ihn ungern wieder ziehen. Er ist meinem Leben viel näher als Weihnachten. Weil er in der Gegenwart einsetzt. Und Weihnachten eher die noch ausstehende Zukunft schon einmal vorwegnehmen will.

„Ist Weihnachten noch zu retten?" Oder sind wir noch zu retten? Wer dieses Jahr Gottesdienste gestaltet, kommt um die Erkenntnis nicht herum: Es geht immer auch irgendwie um Corona. Selbst wenn Sie sich vornehmen, dazu überhaupt nichts zu sagen. Advent und Weihnachten ereignen sich immer mitten in den konkreten Lebensvollzügen der Menschen. Und in diesen Lebensvollzügen hat sich dieses Virus in diesem Jahr 2020 unübersehbar breit gemacht.

Deshalb will ich heute mit ein paar Thesen einsetzen - Thesen des adventlichen und weihnachtlichen Predigens im Corona-Jahr 2020.

1. Der Advent spiegelt den Wunsch nach Veränderung wider. - Ich kann mich nicht erinnern, in den letzten Jahrzehnten einmal eine solche Sehnsucht nach Veränderung wahrgenommen zu haben. Menschen warten sehnlichst und spürbar darauf, dass es ein Ende hat mit allem, was sie derzeit als Einschränkung empfinden. - *Adventliches Predigen nimmt diese Sehnsucht auf, richtet den Blick aber nicht darauf, dass alles wieder wird, wie es war, sondern dass Zukunft immer Gottes Zukunft ist. Anders, aber dem Leben zugewandt.*

2. Der Advent ist nicht die vorschnelle Erfüllung, sondern die Zeit des Aushaltens und Durchhaltens der Erwartung, dass Gott kommt und alle Masken fallen. Adventliche Feiern sind häufig vorgezogene Weihnachtsfeiern. Der

Schmuck in den Häusern wird in jedem Jahr ein wenig früher weihnachtlich. Der Advent kommt mit leisen Tönen und gedämpftem Licht aus. Die Alltagsmaske ist für mich in diesem Jahr deshalb ein adventliches Symbol. Die Sehnsucht geht dahin, sie endgültig loszuwerden. Um von Neuem Gesicht zeigen zu können. – *Adventliches Predigen hilft, die Geduld zu nähren. Normal ist, was jetzt ist, nicht was war oder sein könnte. Darum ist der Advent die Kirchenjahreszeit, in der sich unser Sein und unser So-Sein als Zeit der Erwartung verdichtet.*

3. Der Advent bietet die letzte Gelegenheit zur Umkehr, damit wir Weihnachten nicht verpassen. Die Symbolfigur des Advents ist nicht ohne Grund Johannes der Täufer. Sein Ruf zur Buße meint auch die Umkehr von den Irrwegen, die uns in die aktuelle Situation gebracht haben. Menschliches Hineindrängen in fremde Gefilde und Überschreiten sinnvoller Grenzen gerade auch gegenüber der Natur. Klimawandel und daraus folgend neue dramatische Fluchtgeschichten. Die Ideologie des Wachstums ohne Grenzen. – *Adventliches Predigen ist keine Beruhigungspille. Es fordert heraus, benennt beim Namen, schont uns nicht um unsere Sehnsucht nach Harmonie willen Die Zeit der elementaren Unterbrechung der Alltags-Realitäten steht noch aus.*

4. Die weihnachtlichen Erzählungen beschreiben keine rührselige Geschichte. Sie bilden ein Narrativ, in dem ich mich mit meiner eigenen Lebensgeschichte wiederfinden kann. Eine Geschichte von Gut und Böse. Eine Geschichte von Bedrohung und Rettung. Eine Geschichte von Himmel und Erde. Die Geschichte eines großen Rettungsprojektes, das mit der Geburt eines kleinen Kindes beginnt. - *Weihnachtliches Predigen erzählt die alten Geschichten so, dass ich*

in meiner Lebensgeschichte den Dreh- und Angelpunkt entde-
cke, der alles aus den Angeln heben kann.

5. Weihnachten wird es nicht an einem besonderen Ort,
sondern mitten im Leben der Zuhörenden. **Weihnachten**
wird es da, wo Gott und Mensch sich begegnen. Auf den
Hirtenfeldern, die von Engeln erleuchtet werden. Bei Menschen, ganz weit weg von den Zentren der Religion, die es
sich etwas kosten lassen, dieses Kind zu finden. Auf der In-
tensivstation im Krankenhaus. In einem Stall, den ein neu-
geborenes Kind zu einem Ort der Hoffnung macht. – *Weih-*
nachtliches Predigen nimmt auf, was ein Lied in die Worte
fasst: „Bethlehem ist überall!"

6. Weihnachten und unsere traditionelle Weise, dieses
Fest zu feiern sind nicht dasselbe. Immer wieder lese ich:
Weihnachten fällt dieses Jahr eher aus. So wie angeblich
auch Ostern ausgefallen ist. Es stimmt: Bestimmte Rituale
werden in diesem Jahr nicht möglich sein. Enge, dicht ge-
füllte Kirchen. Gemeinsames Singen weihnachtlicher Lieder. Große familiäre Feiergemeinschaften.

Aber was vielen Menschen guttut, ist nicht Weihnachten. Weihnachten ist eigentlich eher das Gegenteil. Da
schickt der Kaiser Menschen erbarmungslos quer durch
sein Reich. Da finden die Hirten ein Elternpaar und ein Kind
in einer zugigen Absteige. Heilig wird diese Nacht allen Be-
teiligten kaum vorgekommen sein. Ihnen hat eher das Virus der Gnadenlosigkeit zugesetzt. – *Weihnachtliches Pre-*
digen könnte dieses Jahr ganz anders werden. Anders in den
Formen – zwangsläufig. Anders aber auch in der Botschaft.
Nicht beschwichtigend kommt sie daher. Kein alles halb so
schlimm. Sondern eher tröstlich: Am Ende wird alles gut. Aber
weil vieles noch nicht gut ist, ist es noch nicht das Ende!

7. Weihnachten kommt nicht ohne Herodes aus! Herodes hat sich nicht auf den Weg nach Bethlehem gemacht. Zumindest nicht, um dem Kind seine Referenz zu erweisen. Er hat seine Soldaten hingeschickt. Und deren Treiben war ein ganz und gar unweihnachtliches.

Wenn ich mich umschaue, sind da auch heute einige unterwegs, die mit Bethlehem nicht viel im Sinn haben. Die einen demonstrieren gegen alles, was ihrem eigenen „Erst komme ich!" in den Weg kommt. Statt Querdenker zu sein, was sie vorgeben, sind sie einfach Querulanten. Die anderen nehmen nicht wahr, dass ihre Zeit vorbei ist. Ihnen wurde, so sagen sie, der Sieg gestohlen. Die dritten haben sich einfach verirrt. Ihnen ist die Richtung im Leben abhanden gekommen. – *Weihnachtliches Predigen hat auch diese Menschen im Blick. Herodes hat die Chance nicht genutzt, es zusammen mit den Sterndeutern aus dem Osten Weihnachten werden zu lassen. Wir sollten die Türen für sie dennoch offen halten. Aber entscheiden muss jede und jeder für sich selber. Meine Weihnachtspredigt trifft nicht in jedes Herz. Aber dafür bin ich dann auch nicht verantwortlich. Das kann mich am Ende auch wieder gelassen sein lassen.*

„Ist Weihnachten noch zu retten?" Dieser Frage gehen wir in den nächsten Tagen nach: Miteinander und jede bzw. jeder für sich. Ich bin gespannt, zu welchen Antworten wir bis zum kommenden Freitag gelangen.

Predigten
und
Geistliche Worte

Gott ist in der Welt präsent
Predigt über Jesaja 66,12-14 im EKIBA-Streaming-Gottesdienst, übertragen im Südwestfernsehen aus der Peterskirche in Weinheim am Sonntag, 22. März 2020 (Laetare)

Liebe Gemeinde, wo und wie immer sie uns zuschauen!

Heute ist alles anders. Ein Gottesdienst vor leeren Bänken. Die Erwartungen, worum es heute geht, viel klarer und eindeutiger als sonst. Nein, nicht einfach gute Worte, ja die auch! Nicht einfach die Aussicht, es könnte auch noch besser werden. Irgendwann. Und irgendwie. Klare Botschaften sind es, die mich jeden Tag erreichen. Manchmal stündlich Neues.

Dazu dieses Gefühl, dass wir irgendwie die Kontrolle verloren haben. Dass wir nichts tun können als abzuwarten. Als zu hoffen, dass von den Schrecken der Gegenwart am Ende nur noch die dunklen Erinnerungen bleiben.

Nein! Auch morgen ist alles anders. In ein paar Wochen. In ein paar Monaten. Dann können wir uns aufrichten an dem, was am Ende dennoch als Gewinn bleibt. Der Wert menschlicher Nähe. Das Aufatmen in der unfreiwilligen Unterbrechung. Doch der Preis der Gegenwart ist zu hoch, um so zu bilanzieren. Schon gar nicht heute.

Seufzen und Klagen. Bitten und Flehen, möglichst viele mögen bewahrt bleiben. Und ihr Leben als Geschenk davontragen. Und quer zu dem, was mich bestimmt, dann dieser Sonntagstext, der anscheinend ganz unbeschwert dazu auffordert, sich zu freuen.

Schon vor zweieinhalbtausend Jahren war alles anders. Nicht ertragen könnte ich diesen Text, wenn ich nicht wüsste: Die, an die sich dieser Text ursprünglich richtet, schauen auf eine Zeit zurück, hinter der die unsre als eine behütete erscheint. Krieg. Jahrzehntelange Verschleppung. Die Heimat dem Erdboden gleich gemacht. Der Tempel dazu. Unzählige Opfer grausamen Machtstrebens der babylonischen Herrscher.

Doch dann das Bild einer neuen Zukunft. Die wüste Vergangenheit – sie ist vorbei. Aufbauzeit ist angesagt. In ergreifenden Worten rückt Gott ins Zentrum der Gefühle. Nicht im Bild eines orientalischen Königs. Auch nicht im Bild des Vaters, das Jesus so gerne benutzt. Nein, Gott als Mutter. Den Menschen zugewandt wie eine Stillende ihrem Kind. Hört, in welch überraschenden Worten die Bibel von Gott spricht.

Freuet euch mit Jerusalem und seid fröhlich über die Stadt, alle, die ihr sie lieb habt! Denn so spricht der HERR: Siehe, ich breite aus bei Jerusalem den Frieden wie einen Strom und den Reichtum der Völker wie einen überströmenden Bach. Da werdet ihr saugen, auf dem Arm wird man euch tragen und auf den Knien euch liebkosen. Ich will euch trösten, wie einen seine Mutter tröstet; ja, ihr sollt an Jerusalem getröstet werden. Ihr werdet's sehen und euer Herz wird sich freuen, und euer Gebein soll grünen wie Gras. Dann wird man erkennen die Hand des HERRN an seinen Knechten und den Zorn an seinen Feinden.

– Lied „Durch das Dunkel hindurch", Strophe 1 –

Heute ist alles anders. Wir leben mitten in stürmischen Zeiten – so wie in der Geschichte, die wir als Lesung gehört haben. Und die Wasser um uns herum, im Elsass, in Italien oder in Spanien, sie sind noch viel stärker aufgewühlt als bei uns. Nein, kein freut euch. Eher ein: Bringt euch in Sicherheit. Und dadurch auch die anderen.

Bei Gott ist alles anders. Keine heilsame Distanz. 1,50 Meter. Oder 2 Meter. Gott wendet sich zu. Wie eine Mutter sich ihrem Kind zuwendet. Nichts anderes hat Gott zu bieten als Nähe. Nichts anderes als Trost. Nichts anderes als die Kost, von der Neugeborene leben. Gott als stillende Mutter! Als Mutter, die ihr Kind auf den Armen trägt.

Heute ist alles anders. Großeltern, die ihre Enkel nicht sehen dürfen. Kranke, die auf Besuch verzichten müssen. Kurven der Neuerkrankungen, die steigen. Nur die Kurse der Aktien fallen. Wer trifft jetzt den richtigen Ton? Wer hat das rechte Wort auf den Lippen? Nicht Worte vernünftiger Umgangsregeln. Diese Worte finden die Verantwortlichen aus Politik und Medizin derzeit meist sehr beeindruckend.

Nein, nicht um diese Worte geht es, wenn Gott ins Spiel kommt. Gerade dann, wenn es ernst ist. Um das Wort geht es, das mir die Wahrheit zuruft, wenn Trost zur Mangelware wird.

Durch das Dunkel hindurch ist dieses Wort hörbar. Ein Wort, das mich getröstet leben lässt. Ein Wort, das mich getrost auf die Wege entlässt, die ich ohne dieses Wort nicht zu gehen wage. „Fürchte dich nicht!" - so heißt dieses Wort das eine Mal. Das andere Mal: „Im Stille sein und Hoffen gewinnt ihr eure Stärke!" Oder auch ganz einfach „Lebe. Und liebe! Denn In der Liebe ist keine Furcht!"

Ein Wort, das mich leben lässt. Getröstet. Gestillt. Still geworden. Dem Vertrauen anheim gefallen, dass ich Zukunft habe. Auch jetzt, wo alles anders ist. Bei Gott, der mich so ganz anders hoffen lässt, als ich es ohne ihn könnte.

- Lied „Durch das Dunkel hindurch", Strophe 2 -

Heute ist alles anders. Zuversicht – das ist für mich das wichtigste Wort, ja mehr noch die wichtigste Haltung in diesen Tagen. Nicht Wachstum. Nicht Effizienz. Nicht: „Wir haben alles im Griff!" Zuversicht hat nichts im Griff. Sie lebt von einem hoffenden Gemüt und einem liebenden Herzen. Alles, was sie braucht, lässt sie sich schenken. Alles, was ich wirklich brauche, das ist diese Zuversicht.

Dass Zuversicht das Leitthema der diesjährigen Fastenaktion „Sieben Wochen ohne" ist – ich kann's nicht anders begreifen als dass es ein prophetisches Zeichen ist. Zuversicht, die mich vertrauen lässt – gegen alle Zahlen. Zuversicht, die mich glauben lässt - gegen alle Erfahrungen des Bösen.

Nirgendwo anders finde ich diese Zuversicht als in meinem Gottesglauben. Nirgendwo anders als in der Erfahrung: Gott ist in der Welt präsent - in jenem Einen, dem Furcht und Zittern nicht erspart geblieben sind. An ihm halte ich mich fest, weil er selber ein Gehaltener geblieben ist. Gehalten im Leben. Als Rebell gegen den Tod.

Rebellen des Lebens gegen den Tod, die haben wir nötig in diesen Tagen. Rebellen der Gemeinschaft, wo Einsamkeit sich breit macht. Rebellen des Glaubens, wo alles wegbricht. Ein Rebell des Gebets möchte ich sein. Oder möchte neu lernen, es wieder zu werden.

Ja, ein Rebell der Freude möchte ich sein. Vertrauensvoll getragen wie jene, denen Gott sich als Mutter zugewendet hat, als alles anders war.

„Euer Herz soll sich freuen. Und euer Leib soll grünen wie Gras." Das ist's, was der unbekannte Prophet den Menschen ins Herz schreibt. Wenn's nur das ist, was heute ins Herz geht, dann ist es schon mehr als genug. Dann ist wirklich alles anders. Schon jetzt. Amen.

– Lied „Durch das Dunkel hindurch", Strophe 3 –

Stärker als das Virus verbreitet sich die Liebe
Geistliches Wort zu Markus 14,3-9, veröffentlicht auf der
EKIBA-Website für den 5. April 2020 (Palmsonntag)

Der Palmsonntag ruft seit meiner Kindheit innere Bilder in mir auf. Straßen, von Menschen dicht gesäumt, wie bei einem festlichen Umzug. Alle schauen gebannt in eine Richtung. Da reitet einer auf einem Esel. Die Menschen schwenken Palmzweige. Werfen ihre Kleider auf die Straße. „Hoschiana" rufen sie ein ums andere Mal. „Gott, hab Erbarmen mir uns!" Es klingt aber nicht wie ein verzweifelter Hilferuf. Eher wie der Fangesang in einer unserer Event-Arenen. Kein Zweifel, für viele Menschen ist dieser Festtag einer der Höhepunkte des Jahres, für andere sogar ihres Lebens.

Unter den Bedingungen der Kontaktreduzierung, unter denen wir heute leben, wäre dieses Fest untersagt. Übrig blieben nur noch die verzweifelten Rufe des „Hoschiana" – jetzt aber wirklich als ernstgemeinte Bittrufe an Gott verstanden. Übrig bliebe aber womöglich auch die Sehnsucht, es möge einer kommen, der all dem, was mich belastet, Einhalt gebieten könnte, in diesen Tagen vor allem der Verbreitung dieses unberechenbaren Virus, dessen Auswirkungen wir inzwischen längst alle zu spüren bekommen.

Ich finde es ungemein tröstlich, dass der Predigttext für den diesjährigen Palmsonntag uns zwei Modelle des Umgangs mit einer Krise vor Augen stellt, die auch heute noch tauglich sind. Um es gleich zu sagen: Beide Modelle haben ihr Recht, auch wenn in der Begebenheit, von der die Bibel berichtet, der eine den Vorzug vor dem anderen zugesprochen bekommt.

Da wird von einer Frau erzählt, die Jesus mit einem sehr teuren Öl salbt. Dass einige der Jünger hier von Verschwendung reden und ökonomisch argumentieren, liegt doch nahe. In heutige Logik übersetzt: Die Diakonie hätte mit dem Geld Leben retten können. Jesus argumentiert mit dem Gegenmodell: Noch stärker als das Virus verbreitet sich die ansteckende Wirkung der Liebe. Durch nichts lässt sie sich eindämmen. Und nachhaltig ist sie obendrein. Ihre Verbreitungskurve geht auch nach zweitausend Jahren immer noch nach oben. Diese Erfahrung können wir gerade in diesen Tagen machen. Menschen setzen sich für andere ein, bis an die Grenze ihrer Kräfte, mit dem Risiko, sich selber zu infizieren: in den Krankenhäusern, in Pflegeeinrichtungen, in der nachbarschaftlichen Hilfe.

Der biblische Erzähler argumentiert im Blick auf die Einmaligkeit der Person Jesu. Daher bewertet er die kritische Position der Jünger negativ. Aus unserer heutigen Perspektive betrachtet, lassen sich beide Positionen verbinden. Mit Weitblick und auch mit der nötigen finanziellen Unterstützung lässt sich die Ausbreitung der Liebe unterstützen und fördern. Das kann auch meine Sorgen und mein Unbehagen, auch meine Ängste reduzieren. Mitten in allem Erleben der Krise gibt es Wege der Vernunft, um unter diesen Rahmenbedingungen zu leben. Sie verlangen uns Ungewohntes ab. Aber aus Gründen, von denen wir am Ende alle profitieren. Und von der neuen Konzentration auf das, was wirklich wichtig ist im Leben, am Ende womöglich auch.

Im Übrigen: Dem, von dem die Menschen in Jerusalem eine Veränderung der Verhältnisse erwartet haben, können wir auch heute noch unser „Hoschiana" entgegenrufen. Er verändert auch heute noch Menschen nachhaltig und wirkungsvoll meine Lebensumstände. So kann ich hoffnungsvoll darauf vertrauen, dass Ostern wird. Schon in einer Woche werden wir heilsam daran erinnert: Am Ende siegt das Leben - und die Liebe!

Ostern - unser Leben hier wandelt sich

Predigt über 1. Korinther 15, 19-22 im EKIBA-Streaming-Gottesdienst in der Kreuzkirche in Bretten am 12. April 2020 (Ostersonntag)

Liebe Gemeinde!

Endlich Ostern! Wie kaum in einem anderen Jahr zuvor habe ich dieses Fest richtig herbeigesehnt. Hinter mir lassen, was mich die letzten Wochen belastet und mein Leben in Gefahr gebracht hat. Mich mit gestärkter Hoffnung und mit der Erwartung praller Lebendigkeit auf den Weg in die Zukunft machen. Noch ist das eher Sehnsucht als Wirklichkeit. Frühsommertage, die ins Freie locken. Die Sorge um die Gesundheit - meiner und die der anderen – lässt das fürs Erste immer noch nicht zu.

Endlich Ostern! Die Frauen, von denen im Oster-Evangelium die Rede war, haben davon zunächst wohl auch nichts gespürt. Das leere Grab versetzt sie in Angst und Schrecken. Ihr Weg in die Zukunft hat noch nicht begonnen.

Endlich Ostern! Das Lied vom Sieg des Lebens über den Tod singen. Mit unterschiedlichen Stimmen. An unterschiedlichen Orten. Aber doch von den gleichen Tönen österlicher Freude bestimmt. Ein kleines Gleichnis dieser Osterfreude konnten sie eben im letzten Lied wahrnehmen.

Ostern – das ist das große Fest an der Schnittstelle zweier Wirklichkeiten. Der Wirklichkeit des Alltags. Mit all dem, womit ich mich tagtäglich auseinandersetze. Und dieser anderen österlichen Wirklichkeit, die aus den An-geln hebt, was mich hindert, dem Leben sein Recht zu las-sen.

Ostern - es ist das Fest, in dem wir feiern, dass die Le-bendigkeit Gottes einbricht in die Welt, in der wir leben. Die Welt, in der die Begrenztheit unserer Möglichkeiten ein ums andere Mal ihr Recht einfordert. In den tödlichen Spielen von Krieg und Gewalt. Im tagtäglichen Bemühen, der Macht diesem Virus Grenzen zu setzen. In der Verletz-lichkeit und Endlichkeit unseres Lebens.

Ostern – mit dem Entsetzen im Angesicht des leeren Grabes kann es nicht sein Bewenden haben. Das haben schon die ersten Leserinnen und Leser des Markus-Evan-geliums gespürt. Sie schreiben das Evangelium fort. For-mulieren einen neuen Schluss, der in der Gewissheit der Auferstehung endet.

Ein anderer österlicher Schluss, eine andere Form, aus dem vorösterlichen Suchen und Fragen herauszukommen, findet sich bei Paulus. In seinem großen Brief an die Ge-meinde in Korinth gibt es ein überschwängliches Osterka-pitel. Die großen Anfragen, ob Ostern denn überhaupt eine Möglichkeit sei - eine Denkmöglichkeit oder gar eine Mög-lichkeit des Glaubens – Paulus bringen sie zu einem Glanz-stück frühchristlicher Theologie. Ein klein wenig lasse ich sie in diese österliche Symphonie hineinhören:

Hoffen wir allein in diesem Leben auf Christus, so sind wir die elendesten unter allen Menschen. Nun aber ist Christus auferweckt von den Toten als Erstling unter denen, die ent-schlafen sind. Denn da durch einen Menschen der Tod gekom-men ist, so kommt auch durch einen Menschen die

Auferstehung der Toten. Denn wie in Adam alle sterben, so werden in Christus alle lebendig gemacht werden.

Was für ein fulminanter Osterklang! Unübertroffen, Paulus! Für ihn steht die Auferstehung nicht zur Disposition. Schließlich geht's für ihn an Ostern um's Ganze. Mit Ostern steht und fällt für ihn der Glaube der Kirche. Mehr noch: Seine eigene Existenz. Das, was für ihn der Auftrag seines Lebens ist.

Für Paulus ist Ostern ein kraftvolles Fest. An Ostern geschieht etwas. An Ostern geschieht sogar das Entscheidende. An Ostern macht sich die Erfahrung fest, dass wir auf Dauer mit dem Leben davonkommen. Dass der Tod, der größte Feind des Lebens bis in diese Tage, am Ende nicht der Sieger bleibt. Und die vielen Regenbögen an den Fenstern da, wo ich lebe, und an vielen anderen Orten tauchen vor meinen Augen auf. Und der Satz, der in Italien so häufig unter dem Regenbogen steht. Der Satz: „Alles wird gut!" Wie eine kleine vielstimmige Osterpredigt wirkt dieser Satz. Wie Paulus – mutig in einem einzigen Satz zur Sprache gebracht.

Paulus spricht nicht von zwei Wirklichkeiten, wenn er der österlichen Botschaft Raum geben will. Er spricht von Adam und Christus. Die Welt, in der der Mensch das Sagen hat, und die Welt Gottes, die in Christus anschaulich wird – für Paulus beschreiben diese beiden keinen Machtkampf mit offenem Ausgang. Die Welt des einen ist im Vergehen. Die Welt des anderen breitet sich längst unübersehbar unter uns aus.

Ostern – das meint darum vielmehr als nur ein paar zusätzliche Jahre. Ginge es nur darum, würde es mit der täglichen Botschaft der Virologen schon sein Bewenden haben. Und sie wären die wahren Oster-Evangelisten. Ihre Botschaft hieße: Wenn ihr euch an die Regeln haltet, werdet ihr Zukunft haben. Viel Richtiges mag an diesem Satz dran sein. Aber das kann, es darf nicht alles sein!

Ostern – das meint auch vielmehr als einfach nur: Wir halten durch, ganz gleich, wie lange das alles noch geht. Ginge es an Ostern nur darum, einen einmal eingeschlagenen Weg weiterzugehen, dann wären die Beraterinnen und Berater welcher Herkunft auch immer, die wahren Oster-Evangelisten. Ihre Botschaft hieße: Wir bauen euch auf, stärken eure Geduld und unterstützen euch in der Krise. Viel Notwendiges und zuletzt oft Übersehenes mag auch an diesem Satz dran sein. Aber auch das kann und darf nicht alles sein!

Ostern – das meint auch mehr als die Erkenntnis: Mein Leben hat Anteil am großen Kreislauf von Werden und Vergehen in der Natur. Ging es an Ostern nur darum, dann wären die Wissenschaftler gleich welcher Art die wahren Oster-Evangelisten. Ihre Botschaft hieße: Dein Leben bleibt bewahrt im großen Geheimnis der Lebendigkeit und der Schöpfung. Gut, wenn diese Einsicht sich von Neuem durchsetzt. Aber hinter dem Geheimnis der Ostern verbirgt sich ungleich mehr.

Alle drei Erfahrungsbereiche haben tatsächlich irgendwie etwas mit Ostern zu tun. Sind Brechungen, Spiegelungen der Osterbotschaft. Aber die Botschaft des Ostermorgens reicht viel tiefer.

Ostern ist das Urereignis vorweggenommener Zukunft. Der auferstandene Christus – er ist der Präzedenzfall des

Lebens überhaupt. „Der Herr ist auferstanden!" – dieser österliche Jubelruf beschreibt eine völlig neue Weltsicht. Kein Menschenleben geht verloren. Kein Einsatz für andere ist vergeblich. Keine Träne und kein Lachen sind umsonst. Alles bleibt aufgehoben. Wird von neuem fruchtbar gemacht – vor unser aller Augen. In unser aller Herzen. Wird fruchtbar und wirklich gemacht bei Gott.

Nein, die Welt ist auch an Ostern nicht einfach gut. Aber dass Furcht und Schrecken uns enttäuscht und entmutigt davon gehen lassen, das ist nicht das Letzte, was zu sagen ist. Das war damals so am leeren Grab. Und das ist heute so – in einer immer noch bedrohlich daherkommenden Wirklichkeit.

Wie gut, dass endlich Ostern ist! Und wir sicher sein können: Der auferstandene Christus – er lebt nicht einfach nur in der Erinnerung fort. Er bleibt gestaltend beteiligt an der Veränderung der Wirklichkeit dieser Welt. Denn Ostern heißt nicht nur: Es gibt ein Leben *nach* dem Tod. Ostern heißt auch: Unser Leben *hier* wandelt sich. Wir bleiben vom Leben gezeichnet. Gott sein Dank! Amen.

Der hat gut reden

Geistliches Wort über 1. Petrus 2,21b-25, veröffentlicht auf der EKIBA-Website für den 26. April 2020 (Misericordias Domini)

Ich liebe die Sonntage nach Ostern schon allein ihrer Namen wegen. Sprechende lateinische Namen. Den Kehrversen der alten Psalmvertonungen entnommen. Fast alles sind Imperative. Aufforderungen: Singt! Jubiliert! Betet! Der Name des kommenden Sonntags weicht von diesem Prinzip ab. Zunächst jedenfalls. Er enthält eine Aussage darüber, wie Gott ist. *Misericordias Domini*, zu deutsch das „Erbarmen des Herrn".

In der Tradition des Kirchenjahres spricht man häufig vom *Sonntag des guten Hirten*. Auch wenn man bis in die Gegenwart immer wieder Hirten mit Schafen sehen kann - ein modernes Bild ist das des Hirten ja nicht. Und niemand will sich ja ernstlich mit einem Schaf vergleichen lassen. „Du dummes Schaf!" – weit ist es dann womöglich bis zu diesem Aufruf nicht mehr. Der Auferstandene als Hirte – so ganz eingängig ist die Perspektive also nicht, die mit dem Bild des Hirten verbunden ist.

Gut, dass im Bild des Hirten noch einmal mehr mitschwingt als dass ich mich mit der Rolle eines blökenden Schafes zufriedengebe. Mit diesem Bild wird Gott beschrieben. Fast kindlich-fürsorglich im 23. Psalm. Als derjenige, der für mich Vorbild sein will, im 1. Petrusbrief, aus dem der Predigttext für diesen Sonntag entnommen ist. Erneut ist Vorsicht geboten. Das Bild vom Hirten, mit dem der auferstandene Christus beschrieben wird, schließt eine Ermahnung an die Sklaven ab, sich in ihre Abhängigkeit zu

„schicken", wie es so schön heißt. Ausrichten sollen sie sich am Beispiel Jesu, der sich trotz erlittenen Unrechts nicht gewehrt habe.

Murren möchte ich, Widerstand einlegen, wenn die Sklaverei hier noch theologisch überhöht werden soll – wenn die Begründung nicht wäre. Da werden Sätze eines Propheten zitiert, dessen Namen wir nicht kennen, dessen Worte uns aber ab Kapitel 40 im Jesaja-Buch überliefert werden. Von einem „Knecht Gottes" singt dieser Prophet gleich mehrere Male. Keinen Widerstand leistet dieser Knecht Gottes. Ehrlich bleibt er, unabhängig davon, was es ihm bringt. In die Bresche springt er für die anderen, statt immer nur den eigenen Vorteil im Blick zu haben.

Das Modell dieses gerechten Gottesknechts bringen Menschen in Kleinasien gegen Ende des 1. Jahrhunderts n.Chr. mit Jesus von Nazareth in Verbindung. Widerstand leistet er, ohne auf Gewalt zu setzen. Kein „Das sollst du mir büßen!" Doch die Auferstehung setzt am Ende den ins Recht, der auf Gesten der Macht verzichtet. „Seinen Spuren sollt ihr nachfolgen!", so der Schreiber des 1. Petrusbriefs. „Diesen Jesus sollt ihr euch zum Vorbild nehmen. Seinen Fußstapfen sollt ihr nachfolgen". Und damit sind wir am Ende doch wieder bei den Imperativen angelangt. Und können den Blick zuversichtlich schon jetzt auf die kommenden Sonntage richten.

In der gegenwärtigen Phase der Corona-Krise ist die Zustimmung zu vielen Entscheidungen nicht mehr ganz so einhellig wie am Anfang. Widerstand regt sich. Gegenüber den Schulschließungen. Gegenüber manchen nach wie vor geschlossenen Geschäften und Hotels. Gegenüber den nicht stattfindenden Gottesdiensten in Kirchenräumen.

Einfach nur zu schweigen, wie ein Lamm, bleibt hinter dem zurück, was uns als Bürgerinnen und Bürger unseres Gemeinwesens zusteht. Aber statt nur Lobbyarbeit in eigener Sache zu machen, denen, die entscheiden, grundsätzlich guten Willen zu unterstellen, wäre schon der Anfang einer Atmosphäre, die für Kompromisse gut geeignet ist. Vorbilder auf der Suche für gute Lösungen für möglichst viele!

„Der hat gut reden", höre ich den einen oder die andere sagen – ob auf den Schreiber des 1. Petrusbriefes oder auf mich gemünzt. „Gut reden", nicht etwas schönreden, das ist das Amt, mit dem Gott Menschen betraut. Das ist die Aufgabe, die er ihnen zumutet. Bei allen Problemen, vor denen wir als Gesellschaft stehen, in den Intensivstationen, in der Vorenthaltung lebenswichtiger Beziehungen, gerade auch in der teilweise heruntergefahrenen Ökonomie, kommt es auch darauf an, „gut" zu reden, das Gute in unserem Reden nicht gänzlich außen vor zu lassen, gute Wege aus der derzeitigen Situation heraus zu finden.

Ohne Solidarität geht das nicht! Solidarität zwischen denen, die das durchhalten können, und denen, die gerade auch ökonomisch am Abgrund stehen. Solidarität zwischen denen, die in Depression zu fallen drohen, und denen, deren Zuversicht sich als erstaunlich krisenfest erweist. Hier könnte sich das an sich ja eher antiquiert wirkende Modell des Guten Hirten als erstaunlich aktuell taugliches Vorbild erweisen. Denn der hat die Lasten der anderen zu den seinen gemacht, sie „aufs Holz getragen"

Vielleicht liegt die große Chance dieser gegenwärtigen Krise genau in dieser Umwertung vertrauter Rollenzuschreibungen. Nach rechten Hirten und Hirtinnen Ausschau zu halten, der Barmherzigkeit des Herrn zu vertrauen, um noch einmal an den Sonntagsnamen zu erinnern. Zuletzt auch sich an diesem Auferstandenen zu orientieren, dessen Vorbildfunktion ja deutlich quer liegt zu dem, was wir für nachahmenswert halten.

Am Ende kommt uns dabei einmal mehr die Bonhoeffer'sche Einsicht zu Hilfe, dass wir allemal erst „im Vorletzten" leben – und dass da noch etwas aussteht: Gutes für uns und für unser Leben. Gott sei Dank!

Neue Normalität?
Geistliche Einstimmung am Beginn der Lage-Konferenz
des Evangelischen Oberkirchenrates am 27. April 2020

In einem Tresor im Nationalarchiv in Paris wird das sogenannte Urmeter aufbewahrt und gehütet. Eingeführt im Jahre 1791 war das Urmeter ursprünglich der zehnmillionste Teil des Viertels derjenigen Erdumfangslinie, die Paris und den Nordpol berührt. Später wurde die Definition noch mehrere Male geändert. Im Jahre 1960 wurde das Urmeter in seiner Funktion als *Normal* abgeschafft.

Von der dritten, aus Platin bestehenden Version dieses Urmeters gab es insgesamt 30 Kopien. Diese wurden unter den dieser Definition zustimmenden Ländern verlost. Deutschland erhielt die Kopie Nr. 18, Bayern, damals selbständig die Kopie Nr. 7.

Das Urmeter hat material zwar seine Bedeutung verloren, ideell besteht seine Vorbildfunktion nach wie vor. Es ist der Prototyp eines *Normals*. Ein Normal ist ein Vergleichsgegenstand, von dem sich andere Messeinheiten hierarchisch ableiten. Das *Normal* ist dabei der Ausgangspunkt, nach unten nimmt bei der sogenannten Kalibrierung die Genauigkeit immer mehr ab.

Auf das *Normal* und das Urmeter komme ich nicht ohne Grund zu sprechen. Derzeit ist ja viel von der sogenannten neuen *Normalität* zu hören. Diese neue *Normalität* resultiert aus der Einsicht, dass wir derzeit nicht in einer kurzen Unterbrechung der vertrauten *Normalität* leben. Vielmehr müssen wir uns darauf einstellen, dass die neuen Regeln, unter denen unser Leben derzeit abläuft, eine *neue*

Normalität definieren. Der Urmeter der Nähe, gerade auch der körperlichen Nähe, wird außer Kraft gesetzt, ist gewissermaßen gedehnt.

Ich sehe auch, dass wir uns darauf einstellen müssen, den derzeitigen Status quo fürs erste aufrecht zu erhalten. Aber die Rede von der neuen *Normalität* finde ich problematisch. Das Urmeter in Paris blieb ein Meter, auch wenn sich die Regierungssysteme dort abgelöst haben. Und das aktuell gültige Urmeter, der sich von der Wellenlänge des Lichts ableitet, unterscheidet sich vom alten Platinurmeter so minimal, dass die Differenz mit bloßem Auge nicht wahrzunehmen ist.

Ich frage also: Was ist in all den Herausforderungen der Corona-Krise unser Urmeter? Was bleibt unberührt, wenn gerade so viele Änderungen zu beraten und zu entscheiden sind? Was ist – als Kirche - unser geistliches Urmeter?

Drei Punkte definieren für mich gerade im Raum der Kirche das auch in der Krise gültig bleibende Urmeter, das geistliche Urmeter gewissermaßen: Wolfgang Huber hat im ZDF-Fernseh-Gottesdienst am gestrigen 26. April in einem ganz anderen Zusammenhang eine Formulierung gebraucht, die dieses geistliche Urmeter schön und zutreffend beschreibt. Es ginge darum *Gott allein die Ehre zu geben, den Mitmenschen zur Seite zu stehen – und den aufrechten Gang zu wahren.* Diese die Kriterien des Menschlichen dürfen – so meine ich - in allem Entscheiden nie zur Disposition stehen.

Mich besorgt, dass manche diese Krise auch dafür nutzen, genau dies zu tun: Wenn eine Regierung in der Europäischen Union mit Dekreten regiert und das Parlament

sich selber in seinem Wirken außer Kraft setzt. Wenn Impf-
stoffe nur im eigenen Land zur Anwendung kommen sollen. Wenn bei uns manche etwas zu schnell gefordert haben, durch Handybewegungen solle man ein individuell
zuordenbares Bewegungsprofil erstellen können. Wenn
eingespielte Codes der Teilhabe und Inklusion außer Kraft
gesetzt werden sollen – im aktuellen Fall um Corona ein-
zudämmen – aber dem einen Fall könnten ganz andere folgen.

Mir ist unser geistliches Urmeter wichtig. Die Bezogen-
heit auf Gott, von dem sich unser aller Wert und Würde ableitet. Der Predigttext für den gestrigen Sonntag Misericordias Domini spricht davon, dass Christus uns „ein
Vorbild hinterlassen" hat. Und wir „seinen Fußstapfen"
nachfolgen sollen. Das gilt! Bleibend! In Corona-Zeiten
und auch davor und danach. Und dass dies gültig bleibt, darauf sollten wir unser Augenmerk richten – gerade als Kirche. Und mitten in allen Entscheidungen, die wir zu beraten und zu treffen haben.

Und gerade in Zeiten wie diesen möchte ich an diesen
Satz von Franz von Sales erinnern und ihn in Erinnerung
rufen. Franz von Sales ist der Patron von zwei Gruppen, die
derzeit in besonderer Weise im Blick sind, der Patron der
Journalisten und der Gehörlosen. Mein Lieblingssatz unter
seinen Sätzen beschreibt für mich auch so eine Art geistlichen Urmeter, wenn er schreibt: *„Nimm dir jeden Tag eine
halbe Stunde Zeit zum Gebet. Außer wenn du viel zu tun hast.
Dann nimm dir eine Stunde Zeit."*

Ich wünsche Euch und Ihnen allen die Lust und die Zeit,
auf die Suche nach dem eigenen geistlichen Urmeter zu

gehen. Und sich dieses von niemandem abhandeln zu lassen. Denn so erhält das Leben Maß, Wert und Würde.

Protestlieder des Glaubens

Geistliche Kurzimpulse aus dem EKIBA-Streaming-Gottesdienst, aufgezeichnet in der Hochschule für Kirchenmusik in Heidelberg für den 10. Mai 2020 (Kantate)

Impuls zu 2. Chronik 5,12+13a

Zum ersten Mal Gottesdienst – für einige Gemeinden ist das heute so. Nach vielen Wochen Pause wieder zurück in die vertraute Kirche. Mit großem Abstand. Und genauen Regeln, was geht und was nicht.

Zum ersten Mal Gottesdienst, wirklich zum ersten Mal – das war vor dreitausend Jahren so. Als der Tempel eingeweiht wurde, den König Salomo hatte bauen lassen. Ein prächtiges Bauwerk. Eine Art Weltwunder für damalige Verhältnisse. Was die Größe anging. Und die verwendeten Materialien. Zedernholz. Edelsteine.

Die Einweihung kann nicht groß genug gefeiert werden. Mit Pauken und Trompeten im wahrsten Sinne des Wortes. Unglaublich, was damals schon musikalisch aufgeboten wird. Im 2. Chronikbuch lesen wir, wer da alles beteiligt ist. Ein richtiges Tempel-Kantorat gibt es da, mit unterschiedlichsten Instrumenten:

Alle Leviten, die Sänger waren, nämlich Asaf, Heman und Jedutun und ihre Söhne und Brüder, angetan mit feiner Leinwand, standen östlich vom Altar mit Zimbeln, Psaltern und Harfen und bei ihnen hundertzwanzig Priester, die mit Trompeten bliesen. Und es war, als wäre es einer, der trompetete und sänge, als hörte man eine Stimme loben und danken dem HERRN.

Das Musik-Team, das da beschrieben wird, hat ein klares Ziel. Nicht der Verkauf möglichst vieler Tonträger. Nicht einfach ein Event, das den Tempel füllt. Die Bläser mit ihren Trompeten und die, die singen - sie loben und danken Gott.

Das schwingt doch auch bei unserer Kirchenmusik mit. Natürlich geht es ihr auch um das gesungene Gotteslob. Sie bezieht viele Menschen in dieses Loben und Danken ein. Indem sie sie einlädt, selber zu singen. Und zu blasen. Oder in einem Orchester mitzuspielen. Sie lobt Gott aber gerade auch dadurch, dass sie andere Menschen erfreut.

Musik geht zu Herzen. Tut der Seele gut. Kann Verhärtetes aufbrechen. Kann helfen, Trauer erträglich zu machen. Oder gar in Freude zu verwandeln. An der Brettener Stiftskirche fühlen sich Sängerinnen und Sänger des Kirchenchores gerade dieser Möglichkeit verpflichtet. Sie können derzeit nicht proben. Und nicht wie gewohnt gemeinsam singen. Aber sie singen trotzdem - am Samstag im Innenhof eines Altenheimes. Die Bewohnerinnen und Bewohner können von ihren Balkonen aus zuhören. Und sich an den Liedern erfreuen. Balsam für betagte Seelen ist das – das spüren die, die mitgewirkt haben.

Impuls z.B. zu Kol. 3,16

Die Kirche war immer eine singende Kirche! Das Singen verleiht dem Gewicht, was Glauben ausmacht. Gesungene Sätze des Glaubens gehören dazu, wie im Lied des

Kirchenchores aus Sulzfeld. Aber auch pädagogisch lässt sich das Singen einsetzen. Im Lehren. Sogar im Ermahnen, wie es im Kolosserbrief heißt:

Lasst das Wort Christi reichlich unter euch wohnen: Lehrt und ermahnt einander in aller Weisheit; mit Psalmen, Lobgesängen und geistlichen Liedern singt Gott dankbar in euren Herzen.

Im Singen, in der Sprache der Musik, lässt sich vieles noch einmal ganz anders sagen. Alles, was mich bewegt, kann ich auch gesungen zur Sprache bringen: Meine Klagen und meine Bitten. Meine Freude und meinen Dank. Auch meinen Protest und meinen Widerspruch. Die Reformation war von Anfang an auch eine Gemeinschaft von Menschen, die ihren Protest mit Liedern zum Ausdruck gebracht haben.

Solche Protestlieder haben wir heute genauso nötig. Protestlieder des Glaubens. Protestlieder gegen den Versuch, andere Menschen klein zu machen und auszugrenzen. Protestlieder gegen Ungerechtigkeit und Armut. Protestlieder gegen allen Irrglauben, der Friede sei umso sicherer, je mehr Waffen wir produzieren und verkaufen. Protestlieder gegen die Botschaft, in der gegenwärtige Krise lege Gott selber Widerstand ein gegen die Art, in der wir leben.

Ich glaube das nicht. Weil ich die Protestlieder des Glaubens als Vertrauenslieder höre und singe. Als Lieder des Vertrauens, dass Gott diese Welt nicht aus der Hand gibt.

In jedem Lied höre ich deshalb schon etwas von den Harmonien des Himmels heraus. Vom Vielklang der Schöpfung. Von der Buntheit der Möglichkeiten des Gotteslobes.

Ganz besonders höre ich das aus den Osterliedern heraus. Ostern ist der Höhepunkt im Kirchenjahr. Das war auch in der Fülle der musikalischen Aktionen der letzten Wochen zu spüren. Die Posaunenwartinnen und Posaunenwarte aus den verschiedenen Kirchen in der EKD haben einen gemeinsamen Ostergruß unter die Menschen gebracht. Auch unsere beiden badischen Posaunenwarte haben im Chor ihrer Kolleginnen und Kollegen aus ganz Deutschland fröhlich mitgespielt. Hören Sie, was dabei herausgekommen ist!

Zwischen Gott und Mensch besteht kein Abstandsgebot
Geistliches Wort zum Pfingstfest, veröffentlicht auf der
EKIBA-Website für den 31. Mai 2020 (Palmsonntag)

Ich kann mich nicht erinnern, das Pfingstfest je so her-beigesehnt zu haben wie in diesem Jahr. Bei den großen Festen im Kirchenjahr schwingt – neben ihrer theologischen Botschaft – immer auch eine ganz weltliche Gestimmtheit und Erwartung mit. Weihnachten stillt unsere Sehnsucht nach Licht in der Dunkelheit und nach einer heilsamen Unterbrechung des Alltags. Ostern lässt uns alle etwas von der Kraft neu aufbrechenden Lebens spüren.

Und Pfingsten? Dieses Fest macht viele sprachlos. Eigentlich schade! Ich finde, dieses Jahr 2020 bietet einen neuen Zugang zum besseren Verstehen, was es mit dem Heiligen Geist auf sich hat. Eine Mischung unterschiedlicher Gefühle bestimmt diese Tage. Die Unsicherheit, wie es mit der allmählichen Öffnung nach dem Herunterfahren in vielen Bereichen des Lebens weitergeht. Was wieder möglich wird – wie die Gottesdienste in den Kirchen und die Begegnung mit den Menschen, die uns am Herzen liegen. Die Sorge auch, dass wir die Chance, hinterher manches bleibend anders zu machen, vertun könnten.

Wo sich zudem der Ungeist scheinbar heimlicher Verschwörung breit macht, kann der Geist von Pfingsten klärende Wirkung entfalten. Das war auch vor zweitausend Jahren so. In der Apostelgeschichte wird von Menschen berichtet, die dadurch auffallen, dass sie Klartext reden. Kein bedenkenvolles „ja, aber". Kein unentschlossenes „hin und her". Kein die eigene Sicht verbergendes „sowohl als

73

auch". Stattdessen eine klare Botschaft. Alle verstehen, was gemeint ist.

Wen wundert's, dass andere das für ein untrügliches Zeichen überhöhten Alkoholkonsums halten. „Sie sind voll süßen Weins!" Wahrheit, vorgetragen wie im Rausch. Und Hörerinnen und Hörer, denen plötzlich aufgeht, dass sie gemeint sind. Und die genau deshalb so entsetzt reagieren. Denn wer so offen ausspricht, was Sache ist, kann nicht ganz bei Trost sein. Oder bezieht seinen Trost eben aus ganz anderen Quellen.

Als Kind hat man mir in Anlehnung an die biblische Beschreibung der Ereignisse in Jerusalem fünfzig Tage nach Ostern ein sehr anschauliches Bild vermittelt. Geistzungen, senkrecht vom Himmel herabkommend, die sich wie Feuerflämmchen auf den Köpfen der Menschen in einer tanzenden Menge festmachen. Ein Festtag purer Lebendigkeit inmitten einer Umgebung, in der von österlicher Freude nichts zu spüren war. Eine geistliche Inbesitznahme, die Menschen ergreift mit einer Wucht, der sie nichts entgegenzusetzen haben.

Auch wenn ich erst einmal nicht begriffen habe, worum es an Pfingsten wirklich geht – ganz abwegig war dieses Bild nicht. Denn diese besondere Art geistgetränkter Erfahrung macht Kirche für viele attraktiv und lässt sie wachsen – weltweit, bis in unsere Tage. Allerdings war diese Weise geistlicher Ekstase schon Paulus in manchem nicht wirklich geheuer. Er liefert einen klaren Maßstab, worauf es auch bei pfingstgeprägter Rede am Ende ankommt. Verstehbarkeit für Außenstehende, das ist das Kriterium, das er an unser geistliches Reden anlegt. Auch Petrus, so berichtet die Apostelgeschichte, setzt an Pfingsten nicht alles allein auf die charismatische Karte. Er predigt. Er erklärt. Er deutet, die Gegenwart aus dem Schatz der Tradition, indem er den Propheten Joel zitiert: „Auf meine Knechte und auf meine Mägde will ich in jenen Tagen von meinem Geist ausgießen!"

Petrus weiß: Der Glaube muss nicht nur erlebbar, er muss auch befragbar und hinterfragbar bleiben. Und er hat das Recht, in ganz unterschiedlicher Spielart daherzukommen. Jeder soll im Rahmen seiner Möglichkeiten verstehen, worum es im Reden von Gott eigentlich geht. Am ersten Pfingstfest war das so. Und es ist heute nicht anders.

An Pfingsten wird der Verstand nicht einfach außer Kraft gesetzt. Auch nicht in diesem besonderen Corona-Jahr 2020. Unser Fragen und Sorgen werden nicht geistlich ertränkt. Unser Hoffen und Feiern aber auch nicht per Verordnung verboten. Und Pfingsten ist schon gar nicht ein Festtag der heilsamen Isolation. Zwischen Gott und Mensch besteht kein Abstandsgebot, das wissen wir seit Weihnachten. Dem Shutdown des Lebens durch todbringende Mächte setzt Ostern ein kraftvolles Ende. Seit Pfingsten gilt: Es gibt kein Schutzkonzept, um sich den Heiligen Geist vom Leib zu halten. Pfingsten lockt uns heraus aus dem Kokon der Verunsicherung und des Rückzugs, in den sich in den letzten Wochen nicht wenige Menschen eingesponnen haben. Eine Kirche, die sich von Pfingsten her versteht, bietet dazu ein Gegenmodell. Mutig macht sie Aufhebens von sich, indem sie sagt, was an der Zeit ist! Schließlich liegt nicht einfach im "endlich weiter wie vorher!" der Schlüssel für eine gedeihliche Zukunft.

Der Geist der Pfingsten ist ein Geist der Umkehr! Einer Umkehr in eine Zukunft freilich, die sich von manchen

Einwicklungen der Vergangenheit und von manch liebgewordenen Gewohnheiten und Lebensmustern verabschiedet und sich allem Irrglauben an grenzenloses Wachstum mutig in den Weg stellt.

Der Geist der Pfingsten ist ein Geist der Globalisierung! Einer Globalisierung der Liebe freilich, die die Grenzen unserer Möglichkeiten überschreitet, unsere Gestaltungsräume weitet und gerade dadurch nicht ohne klare Wirkung bleibt.

Der Geist der Pfingsten ist ein Geist der Gemeinschaft! Einer Gemeinschaft freilich, die sich im Gottesglauben verbunden weiß und deshalb nie aufhört, immer neu ihre Verbundenheit zu gründen und zu feiern.

Deshalb ist der Geist von Pfingsten auch der Geist der Wahrheit – einer Wahrheit freilich, die hilft, die nächsten Schritte voller Gottvertrauen zu gehen. Eine Wahrheit, die nicht nur gefällig sein will, sondern mithilft zu entdecken, worauf es in meinem Leben ankommt.

Diesen Geist von Pfingsten möchte ich gerade in diesem Jahr nicht missen. Deshalb bin ich sicher: Wenn Herz und Verstand von diesem Glauben voll sind, geht auch mir der Mund über. Und wenn andere mich dann glaubenstrunken erleben – mir soll's recht sein. Und der Nachahmung sei's nur empfohlen! Wann, wenn nicht an Pfingsten 2020?

„Du stellst meine Füße auf weiten Raum!"
Bibelarbeit über Psalm 31,9, gehalten im Rahmen der Rüste der Kirchendienerinnern und Kirchendiener im Hohenwart Forum am 15. Juli 2020

Eine Bibelarbeit zu einem einzigen Satz soll ich halten. Das Vorbereitungsteam hat sich diesen Satz gewünscht. Und er passt heute noch besser als damals, als Sie sich diesen Satz, diesen Vers aus der Bibel ausgesucht haben. Aber das konnte damals auch noch niemand wissen.

Ich will diesen Vormittag als einen Weg mit ihnen gestalten. Sie sind ja als Kirchendienerinnen und Kirchendiener Wege gewöhnt. Verschiedenste Wege. Niemand in der Gemeinde muss so viele Wege gehen wie sie. Und niemand kennt die Wege um eine Kirche und in einer Gemeinde besser als sie.

Einen Weg sind sie ja auch gestern gegangen. Als sie geführt einen Einblick in den Naturpark Nordschwarzwald haben gewinnen können.

Ein Weg hat verschiedene Teilstrecken oder Etappen. Das wissen sie. Noch schnell in der Sakristei vorbei, dann noch ins Pfarrbüro, zum Blumenladen, noch irgendeinen Handwerker anrufen – und dann sind sie immer noch nicht am Ziel. Und die Wege am Sonntagmorgen im Zusammenhang mit dem Gottesdienst haben ohnedies noch ihre eigenen – für andere oft kaum durchschaubaren – Teilstrecken und Umwege.

Sieben Teilstrecken will ich heute Vormittag mit ihnen gehen. Auch die Möglichkeit, mir etwas aus ihrer Arbeit zurückzumelden oder mir Anregungen und Fragen an den Evangelischen Oberkirchenrat mitzugeben, wird auf einer Etappe bestehen. Und am Ende jeder Etappe steht eine kurze Bitte, ein kleines Stoßgebet, das den weiten Raum für uns konkret werden lässt. Auf diese Weise möchte ich diesen Satz, diesen Vers aus der Bibel, in seiner Bedeutung nach und nach erschließen und ans Tageslicht ziehen.

Etappe 1

„Du stellst meine Füße auf weiten Raum!" Beginnen wir also mit der ersten Etappe, dem ersten Wegabschnitt. Den möchte ich überschreiben: *Der weite Raum und unser Alltag!*

Ohne den weiten Raum geht derzeit fast gar nichts. Der weite Raum ist im Moment ja die Grundbestimmung kirchlichen Handelns. Und in anderen Teilen der Gesellschaft dazu. Wir brauchen den weiten Raum, weil wir unter der Maßgabe des Abstandsgebotes leben. 1,50 oder gar 2 Meter sind vorgeschrieben. Je weiter der Raum, desto mehr Menschen haben Platz. Und draußen, im Freien, ist der Raum oft viel weiter als innen.

Weiten Raum – das hätten sie auch bei ihren Arbeitsbedingungen. Ganz konkret, wenn es darum geht, für manches den rechten Ort zu finden. Ob für Stühle oder Werkzeug. Ob für Vasen oder Tauf- und Abendmahlsgeräte. Im Verhältnis zu den Pfarrerinnen und Pfarrern. Den Gemeindediakoninnen und Gemeindediakonen. Aber auch zu den Mitgliedern des Kirchengemeinderates. Der Pfarramtssekretärin. Oder anderen Mitarbeitenden.

Der weite Raum ist mir selber immer wieder sehr wichtig. Wenn's alles zu eng wird. Wenn ich nicht mehr richtig atmen kann. Wenn mein Leben im Klein-Klein erstickt – dann sehne ich mich nach dem weiten Raum.

Der weite Raum misst sich am Ende nicht in Quadratmetern. Sein Maß ist Bewegungsfreiheit meiner Seele. Sein Maß ist die Bodenhaftung, die mich nicht straucheln lässt. Sein Maß ist der Verzicht auf Engstirnigkeit und Engherzigkeit. Sein Maß ist die Barmherzigkeit. Die meiner Mitmenschen. Und meine eigene.

Leben heißt Leben im weiten Raum. Daher am Ende dieser Etappe das kleine Stoßgebet:

Großherziger und großmütig denkender Gott, gib mir den weiten Raum zum Leben, den ich brauche, damit ich eine Ahnung von deiner Weite bekomme. Amen.

– Kleine Zwischenmusik –

Etappe 2

„Du stellst meine Füße auf weiten Raum!" Kommen wir also zur zweiten Etappe. Ich möchte sie überschreiben: *Der weite Raum, der mich singen lässt.*

Mit dem Singen ist es derzeit ja nicht weit her. Gerade haben manche Gemeinden die ersten Versuche hinter sich. Aber mit Maske zu singen und mit gehörigem Abstand, das ist schon gewöhnungsbedürftig.

Der Satz: „*Du stellst meine Füße auf weiten Raum!*" steht in einem Psalm. Genauer gesagt im 31. Psalm. Um das Thema der Psalmen geht's auf der zweiten Etappe. Psalmen, das wissen sie, sind Lieder. Aber nicht irgendwelche Lieder. Wir wissen heute gar nicht mehr, wie diese Lieder vor zweitausend und mehr Jahren gesungen wurden. Wir kennen die alten Melodien überhaupt nicht.

Aber wir kennen den Text vieler Psalmen, auch den Text der 150 Psalmen in der Bibel. In den Psalmen kommt das Ganze des Glaubens zur Sprache. Da geht's nicht nur um Gott. Das geht's auch um die Menschen. Um ihre Ängste und ihre Sorgen. „*Mein Gott, warum? Mein Gott, wie lange noch?*" Diese beiden Fragen kommen ein ums andere Mal in den Psalmen vor. Vor allem dann, wenn Menschen Gott ihre Fragen und Klagen entgegenschleudern.

Wir kennen unter den Psalmen aber auch Vertrauenslieder. Das bekannteste: „*Der Herr ist mein Hirte. Mir wird nichts mangeln!*" Klagen und Fragen, Bitten und Flehen, Lob und Vertrauen – all das findet seinen Niederschlag in den Psalmen. Und oft mit Worten, die alles andere als zimperlich sind. Wenn Gott gebeten wird, die eigenen Feinde niederzumachen. Wenn Gott bedrängt wird, er möge es den Betenden doch gelingen lassen.

Manche Psalmen erinnern darum an das Handeln Gottes in der Geschichte. „*Du hast doch unsere Vorfahren aus der Sklaverei befreit. Lass auch uns diese Freiheit erleben!*" Gott ist der, dem die Sängerinnen und Sänger der Psalmen zutrauen, dass er ihr Geschick wenden kann.

Andere Psalmen sind einfach nur wie trunken von der Schönheit der Schöpfung. Wenn vom Rühmen der Himmel erzählt wird. Von den Wogen des Meeres. Von den Sternen am Himmel. Die Psalmen lassen kein Thema aus. Vor allem keines, das mit dem Leben von uns Menschen zusammenhängt.

Aber am Ende bleibt nicht das Schwere. Am Ende bleibt die Lust, Gott in meinem Leben Raum zu geben. In allen Psalmen ist das so.

Darum am Ende dieser Etappe die Bitte, das kleine Stoßgebet:

Du willst mich zum Singen bringen, mein Gott. Aber manchmal bleiben mir die Töne im Hals stecken. Dann bin ich froh, wenn du meinen Mund weit machst. Und meine Seele dazu. Amen.

– Kleine Zwischenmusik –

Etappe 3

„Du stellst meine Füße auf weiten Raum!" Jetzt gehen wir noch ein Stück weiter. Schauen uns den konkreten Psalm genauer an. Es ist der 31. Psalm. Ich will die dritte Etappe unter das Thema stellen: *„In der Weite das Leben gewinnen!"*

Ein Psalm ist das zwischen Hoffen und Bangen. Zwischen Angst und Vertrauen. Bedrängt fühlt sich da ein Mensch! Wie ein zerbrochenes Gefäß. Gehasst fühlt er sich und klein gemacht. Die Seele ist müde vor Gram, heißt es da. Eng, ganz eng ist da ein Lebensraum geworden.

Aber in den Psalm mischen sich immer wieder andere Töne. Töne der Hoffnung. Töne der Gewissheit: Alles kommt am Ende anders. Jesus hat diesen Psalm am Kreuz gebetet. Das lesen wir in der Passionsgeschichte. *„In deine Hände befehle ich meinen Geist!"* Diesen Satz kennen sie. Er stammt eben aus diesem 31. Psalm.

Und dann eben auch dieser andere Satz. Der für heute Vormittag: *„Du stellst meine Füße auf weiten Raum!"* Interessant, wie gerade dieser Satz Menschen anspricht. Stehen können. Und nicht niedergedrückt werden. Weite spüren können. Raum haben. So wird wirkliches und lohnendes Leben beschrieben.

Wenn dieser Satz Wirklichkeit wird in meinem Leben, dann ist das wie eine Art Neuanfang. Wenn ich spüre, dass dieser Satz seine Kraft entfaltet, dann ist das wie eine kleine Auferstehung. Dann habe ich Anteil an der Hoffnung dieses einen, der diesen Psalm auch auf den Lippen hatte. Der, der am Ende der Enge des Grabes entrissen wird. Und in die Weite neuen Lebens eintaucht.

Von dieser Hoffnung will ich mich anstecken lassen. Und einstimmen in das kleine Stoßgebet:

Du, Gott der Grenzenlosigkeit, allen Mächten des Bösen stellst du dich entgegen. Du willst, dass ich lebe. Unter deinem Schutz. Und aufrecht vor dir stehend. Amen.

– Kleine Zwischenmusik –

Etappe 4

„Du stellst meine Füße auf weiten Raum!" Jetzt haben wir den Psalm gewissermaßen ausgepackt. Jetzt können wir uns gestärkt auf die vierte Etappe freuen. Die soll sie mit dem Thema des gestrigen Tages verbinden. „Den weiten Raum der Schöpfung erleben!" – so möchte ich diese vierte Etappe überschreiben.

Sie haben sich gestern dem weiten Raum des Nordschwarzwalds gewidmet. Genauer gesagt: Sie haben den Naturpark Nordschwarzwald in Augenschein genommen. Haben sich in ihm ergangen. Im wahrsten Sinne des Wortes.

Es war womöglich eine wohltuende Erfahrung. Ich hoffe das jedenfalls für Sie. Aber es war nicht nur eine touristische Erfahrung. Es war eine Begegnung mit der Schöpfung. Ihre Schönheit haben sie gesehen. Aber sicher auch ihre Bedrohlichkeit. Ihre Gefährdung. Der weite Raum braucht unsere Pflege und Fürsorge.

Als Menschen haben wir Verantwortung gerade für diesen weiten Raum. Aber er ist dennoch auch unserer Beherrschbarkeit entzogen. Die Natur fügt sich nicht einfach unserem Gebahren. Sie reagiert auf unseren Umgang mit ihr. Und sie agiert auch selber. Handelt manchmal in einer Weise, die wir gar nicht verstehen. Sie erfreut Menschen nicht nur. Sie gefährdet sie auch. Und reißt sie manchmal in den Tod.

Der weite Raum der Natur ist ein zwiespältiger Raum. Aber es ist der Raum, in dem sich unser Leben abspielt. Wir haben keinen zweiten zur Verfügung. Da ist es gut zu wissen, dass es Gott ist, der unsere Füße in diesen weiten Raum stellt. Und der seinen Segen auf uns legt. Das macht uns frei, uns mit einem weiteren kleinen Stoßgebet an diesen Gott des weiten Raumes zu wenden:

Undurchschaubar ist mein Leben manchmal, Gott. Das, was mir gelingt oder misslingt. Das was mir gut tut oder was mich auch bedroht. Aber immer ist es ein Leben in deiner Hand. Weil es deine Schöpfung ist, in der ich lebe und handle. Zusammen mit anderen Menschen an meiner Seite. Amen.

– Kleine Zwischenmusik –

Etappe 5

„Du stellst meine Füße auf weiten Raum!" Das soll jetzt auch für unser Gespräch gelten. Wir nehmen uns jetzt einfach ein wenig Zeit, um miteinander ins Gespräch zu kommen.

– Gespräch –

Auch diese Runde möchte ich mit einem kleinen Stoßgebet abschließen:

Wir haben uns zugehört, weitherziger Gott. Manches ist zur Sprache gekommen. Anderes ist ungesagt geblieben. Aber der Raum deines Herzens ist weit. Alles Gesagte und alles Ungesagte kann hier Platz finden. Darauf vertraue ich. Amen.

– Kleine Zwischenmusik –

(Die Etappen 6 und 7 wurden als Abschussgottesdienst gestaltet und kommen hier nicht zum Abdruck)

Eine kleine theologische Rechtfertigung des Sommers
Geistlicher Impuls am Beginn der Sitzung des
Landeskirchenrats im Albert-Schweizer-Saal in Karlsruhe
am 22. Juli 2020

Liebe Schwestern und Brüder!

„*Summertime*" ist also angesagt. Und diese Jahreszeit spielt mir zugleich mein Thema zu. Die Jahreszeit, die wir derzeit haben. Den Sommer!

Eine kleine geistliche Rechtfertigung dieses Corona-Sommers 2020 in sieben Schritten möchte ich also wagen. Und ich hoffe, Sie kommen damit dann auch einigermaßen gut eingestimmt und beflügelt durch diesen Tag und die kommenden Wochen.

Schritt 1

„Solange die Erde steht soll nicht aufhören Saat und Ernte, Frost und Hitze, Sommer und Winter, Tag und Nacht."

Sie kennen diese Zusage Gottes an Noah nach der großen Flut. Der Sommer, die Abfolge der Jahreszeiten überhaupt, sie gehören zur Normalität eines Jahreskreislaufs. Die Erde kreist nun eben einmal in Form einer Ellipse um die Sonne, dazu leben wir auf der nördlichen Halbkugel – die Jahreszeiten ergeben sich dann gewissermaßen von selbst. Seasons as usual halt. Kein Grund, Aufhebens darum zu machen.

Ich wünsche Ihnen die Gelassenheit, zu der diese uralte Normalität verhelfen kann!

Schritt 2

„Alles hat seine Zeit! Arbeiten und sich Sorgen hat seine Zeit. Und die Arbeit unterbrechen und die Sorgen sein lassen hat seine Zeit!"

Dieser Sommer ist dennoch ein besonderer. Der Sommer im Corona-Jahr 2020. Der Sommer, auf den derzeit so viele hinleben. Nach all diesen Wochen, die seit März ins Land gegangen sind. Der Sommer der großen Hoffnung. Der Sommer, der daherkommt als eine elementare Unterbrechung all dessen, was uns da derzeit in Atem hält. Manchmal auch den Atem nimmt. Es hat eine ganze Reihe kleiner Unterbrechungen und Hoffnungszäsuren gegeben – nach jeder neuen Corona-Verordnung des Landes.

Der Sommer soll, ja er muss zur großen Hoffnungszäsur werden. Nicht weil hinterher alles anders ist. Schön wär's ja. Sondern weil auch das Hoffen auf andere Zeiten Kräfte kostet. Und das Aushalten der Gegenwart dazu.

Ich wünsche Ihnen die Erfahrung der großen Unterbrechung und der Hoffnungszäsur der sommerlichen Wochen!

Schritt 3

Jesus sagt zu denen, die ihm nachfolgen: *An dem Feigenbaum aber lernt ein Gleichnis: Wenn seine Zweige saftig werden und Blätter treiben, so wisst ihr, dass der Sommer nahe ist.*

Erträglich ist dieser Sommer 2020 bisher. Nicht so unglaublich heiß wie in den Vorjahren. Ein Sommer, den wir eigentlich so richtig genießen könnten – wenn nicht klar wäre: Die Anliegen von Fridays for Future sind mitnichten erledigt. Der mit Früchten voll behängte Feigenbaum vor unserer Haustür lässt mich eher an mediterrane Zonen denken. Die Winzer ändern im Akkord die Rebsorten, die sie anbauen. Unter den Insekten, die bei uns auftauchen – wenn Sie's denn überhaupt tun - sind zusehends solche mit Migrationshintergrund. Etwa die asiatische Buschmücke, die das West-Nil-Virus überträgt.

Ausbleibender Schnee im Winter – früh einsetzende Sommer, die so richtig heiß werden können – Boten, die sagen: Deutet die Zeichen der Zeit richtig! Ihr seid mittendrin in den klimatischen Veränderungsprozessen. Noch könnt ihr reagieren – aber dann schnell und durchgreifend.

Ich wünsche Ihnen, dass sie den Sommer richtig genießen, um sich danach auch wieder mit ganzer Kraft engagieren zu können.

Schritt 4

Denn siehe, ich will ein Neues schaffen, jetzt wächst es auf, erkennt ihr's denn nicht?

In den Schulen markiert der Sommer den Zeitpunkt der Lernunterbrechung. Für uns könnten diese Wochen Anlass geben, uns ganz neu mit dem Thema Lernen zu befassen. Konkret mit der Frage: Was soll neu werden in der Kirche und in der Gesellschaft? Und: Wovon sollen oder müssen wir uns verabschieden?

Nicht nur um die Frage der Fortschreibung und Weiterentwicklung des Bestehenden soll's dabei gehen. Es geht nicht nur um Videokonferenzen oder um das digitale Datenmanagement. Es geht vielmehr um einen Neuansatz auch in unserem Sein als Kirche. In unserer Theologie. In dem, wie wir öffentlich wahrnehmbar sind. In der Frage, wie wir Mitgliedschaft denken. Wie sich unsere sakramentale Praxis verändert.

Der Sommer könnte den Kopf frei machen, um einfach einmal nachdenken zu können. Und alles ganz ohne Denkverbote. Ohne: Das geht ja sowieso nicht!

Ich wünsche Ihnen, dass Sie sich überraschen lassen von dem, was da an Ideen und Möglichkeiten in ihnen aufsteigt.

Schritt 5

Jesus sagt zu denen, die ihm nachfolgen: *Mit dem Reich Gottes verhält es sich nicht so, dass ihr sagen könnt: Hier ist es. Das Reich Gottes ist euch ganz nah. Es ist mitten unter euch!*

Diesen Sommer suchen viele ihr Erholungsheil in der Nähe. Das heißt: Sie verbringen ihren Urlaub zu Hause oder zumindest im Land. Urlaubsflüge an ferne Strände sind meist noch nicht möglich und wohl auch nicht angesagt. Mir macht das wenig aus. Mich zieht's nicht erst seit diesem Jahr im Sommer an die Ostsee. Aber vielleicht kann die heilsame Erfahrung der Nähe – auch im Sommerurlaub eine Umkehr im größeren Maßstab bewirken. Es gibt auch eine Regionalisierung der Lebensvollzüge. Nicht nur in den Produkten der Landwirtschaft. Sondern in vielem, was unser Leben ausmacht. Und unsere medialen Möglichkeiten erlauben uns Kontakte, ohne sie in Kilometern und mit dem Verbrauch fossiler Brennstoffe ermöglichen zu müssen. Bei unseren Sitzungen haben wir das ja auch schon ganz gut eingeübt.

Ich wünsche Ihnen, die Welt um Sie herum in ganz neuer Weise wahrzunehmen und auch schätzen zu lernen. Dann werden die Ausnahmen von den eingeübten Regeln wirklich zu etwas Besonderem.

Schritt 6

Über Mose stellt Gott sein Volk vor die Wahl: *Wählt das Leben, damit ihr am Leben bleibt, ihr und eure Nachkommen!*

In diesem Sommer wird die Pflicht, einen Mund-Nasen-Schutz zu tragen und den nötigen Abstand einzuhalten, sicher nicht aufgehoben. Aber in einer Zeit, in der so viele andere Vorgaben außer Kraft gesetzt sind, in der mich die Uhr nicht gängelt und der Kalender aus vielen weißen Feldern besteht, übe ich mich ein wenig darin: ein Leben ohne einengende Vorgaben!

Hier zeigt sich die Begrenztheit gerade auch dieser Sommerwochen. Es gibt Spielregeln, von denen gibt es keinen Urlaub. In diesem Fall zumindest fürs Erste mal nicht. Aber bei anderen Spielregeln ist das doch genauso.

Auch das Strafrecht wird im Sommer nicht für einige Wochen aufgehoben. Und die Pflicht, an der roten Ampel zu halten, doch auch nicht.

Leben geschieht immer zwischen Banden, die auch Grenzen markieren. Die Spurbreite ist manchmal größer, manchmal kleiner. Aber ich bin nie einfach mein eigener Gesetzgeber. Das Lebensrecht meiner Mitmenschen markiert die Grenze meiner Freiheiten. Das ist im Sommer nicht anders. Zumindest wenn's ums Grundsätzliche geht. Kleine Freiheiten – die sind mir im Sommer aber schon gewährt. Ich kann meinen Tagesablauf selber bestimmen. Ich habe Zeit für Dinge, die sonst hintenanstehen.

Ich wünsche Ihnen, dass Sie das Feld der kleinen Freiheiten in diesen Sommerwochen inmitten seiner Grenzen lustvoll bespielen können.

Schritt 7

Ich will euch in ein schönes, weites Land bringen – in ein Land, wo Milch und Honig fließen.

In den letzten Wochen war viel von Verschwörungstheorien die Rede. Menschen, die der Meinung waren, irgendjemand hätte Böses mit ihnen im Sinn. Ich will sie heute nicht in diese Sitzung und in den Sommer entlassen, ohne sie mit dem gegenteiligen Gedanken zu infizieren. Gott hat Gutes mit mir im Sinn. Gott will, dass ich lebe und andere leben lasse. Dass ich mich am Leben erfreue. An meinem. Und am Leben der Menschen um mich herum. Ein Leben in Fülle ist uns zugesagt. In Fülle wohlgemerkt. Nicht im Überfluss.

Das ist nicht wenig. Und im Sommer wird mir das womöglich mehr bewusst als sonst.

Ich wünsche ihnen, dass Sie sich aufmachen in einen Sommer, der dieses Versprechen einhält. Und Sie gerade daraus Energie und Lust am Leben gewinnen. Wenn das gelingt, ist das nichts anderes als die Erfahrung von Gottes Segen.

Gebet

Diesen Sommer, Gott, lege ich in deine Hände, um ihn aus ihnen neu zu empfangen. Lass mich den nötigen Abstand gewinnen, stärke meine Zuversicht für das, was noch aussteht, und beflügle meine Hoffnung darauf, dass du mir begegnest. Gerade in diesen Sommerwochen 2020. Amen.

Die Zoom-Botschaften des Propheten J.
Predigt über Jeremia 1,4-9 im Gemeindehaus „Uns Tauflucht" in Neuendorf (Insel Hiddensee) am 7. August 2020 und in der Inselkirche in Kloster (Insel Hiddensee) am 8. August 2020 (9. Sonntag nach Trinitatis)

Liebe Gemeinde!

Eine Predigt, geschrieben im Ostwind, der über die Insel weht, umgeben vom gleichbleibenden Geräusch des Vor und Zurück des Wassers, über mir das Kreischen der Möwen, alles bei strahlendem Sonnenschein, direkt nebendran die Pferde, Menschen mit Handtüchern auf dem Hinoder Rückweg zum Strand - was kann das anderes werden als eine Urlaubspredigt. Manchmal nur unterbricht der gnadenlose Stich einer Mücke die unbeschwerte Idylle.

Doch dann fällt da auch noch anderes in meinen Blick. Und mir wird klar: Auch hier auf der Insel habe ich nicht alles einfach zurückgelassen, was zu Hause meinen Alltag und mein Leben prägt. Die Masken, noch vor wenigen Monaten gänzlich ungewohnt in unseren Breiten, der Abstand, der soviel Raum zwischen uns lässt, auch hier in dieser Kirche und auf den Bänken draußen, die legendären 1,50 Meter, die auch hier gelten. Die Spender von Desinfektionsmittel, inzwischen überall zum Standard geworden.

Es kann keinen Zweifel geben, welches Wort dieses Jahr zum Unwort des Jahres werden wird. Der Name dieses Virus, der uns als Gesellschaft und als Einzelne doch gehörig aus allen Bahnen der Normalität geworfen hat.

Und dann kommt mir dieser Prophet Jeremia dazwischen, irgendwo im 7. Jahrhundert vor Christus im Mittleren Osten geboren, ein Kind der Oberschicht. Einer, der dann plötzlich auch aus der Bahn geworfen wird. Einer, den Gott aus der Bahn wirft. Seine beruflichen Pläne einfach handstreichartig über den Haufen wirft. Der zum Propheten wird. Zum Propheten wider Willen. Und gegen alle Einsprüche, die er einbringt.

Und ich frage mich: Was hat dieser Prophet aus grauer Vorzeit beizutragen zu dem, was uns gegenwärtig in Atem hält?

Und während ich überlege, fährt sich das Programm für Zoom-Videokonferenzen mit einem Mal hoch, ein Gesprächspartner kündigt sich an, einfach unter dem Namen Prophet (groß) J. (punkt). Ich lasse ihn zu – und er stellt sich vor: „Jeremia! Aus Anatot. Du hast nach mir gefragt."

Ganz so war's ja nicht, denke ich. Aber wo ich ihn nun einmal in dieser kleinen Videokonferenz habe, nutze ich die Gelegenheit. „Du bist für mich ganz schön weit weg!", sage ich. „Beschäftigst dich mit irgendwelchen Königreichen in Ägypten und Babylon. Hast Jerusalem vor Augen. Seinen Tempel. Für Dich geht's doch immer nur um Macht. Und um die rechte Religion. Zu dem, was uns derzeit beschäftigt, hast du kaum Weiterführendes beizutragen, denke ich!"

„Wenn du meinst", sagt er. „Als ob Macht und Religion bei Euch keine Rolle spielen!" „Ja, schon", sage ich, „aber hier im Urlaub, auf der Insel, da tauchen plötzlich die letzten Monate vor meinen Gedanken auf. Und ich frage mich, was das alles zu bedeuten hat, ob diese besondere Situation eine Botschaft bereithält, für mich, für uns alle hier."

„Alles, was ist, ist mehr als es ist!", fährt der Prophet fort, der mich aus dem Display heraus anschaut. „Natürlich liegt eine Botschaft drin. Alles ist eine Botschaft!

Schau, ich habe das auch ganz anders gesehen. Habe das Leben auf mich zukommen lassen. Bis Gott mir ganz elementar dazwischengekommen ist. Die Botschaften des Lebens sollst du deuten. Für die Menschen um dich herum. Es ist wichtig, dass es solche Deuter gibt.

Warum gerade ich, habe ich gefragt. Ich bin da nicht der Richtige. Um Botschaften zu deuten, da braucht es Lebenserfahrung. Ich bin ja kaum zwanzig Jahre alt. Ich bin dafür entschieden zu jung.

Lass das meine Sorgen sein!, hat Gott geantwortet. Botschaften zu deuten, das ist keine Frage des Alters. Das ist eine Frage der offenen Augen. Eine Frage des empfindsamen Herzens. Ich habe dich längst im Blick. Gerade, weil du so bist, wie du bist. Widerständig. Und nicht einfach nur ein Mitläufer. Weil du es mir nicht leicht machst, war die Entscheidung für dich gar nicht schwer.

Und jetzt bin ich zum Deuter der Botschaften geworden. Beherzige in Zukunft die Prophetenregel Nummer 1: *Niemand ist zu alt. Oder zu jung. Werde ein Deuter. Oder eine Deuterin. Du kannst das. Weil Gott dich längst im Blick hat.*"

Das Lied von der Umkehr (Strophe 1)

Brich auf und kehre um,
das Steuer reiß herum
und wag zu leben!
Beflügelt durch den Geist,
der Zukunft dir verheißt –
von Gott gegeben.

„Was also willst du von mir hören?" Der Prophet hakt nach. Ich zögere nicht. Und nutze die Gelegenheit: „Was es mit diesem Virus auf sich hat. Hat dein Gott uns das geschickt?"

Jeremia überlegt nur kurz. „Mein Gott ist dein Gott. Es gibt nur einen. Aber er kommt dir immer anders entgegen. Nein, wenn du meinst, dieses Virus sei so eine Art himmlische Strafmaßnahme, dann kennst du diesen Gott nicht richtig. Er ist an Gesundheit und an Gelingen interessiert. An Gerechtigkeit und Wohlergehen. Dafür, dass ihr meist ganz schön hinter diesem Programm zurückbleibt, seid ihr selber verantwortlich.

Eure aktuelle Situation hat mit eurem Leben zu tun. Mit dem Überschreiten heilsamer Grenzen. Mit eurer Lust, alles ins Leben zu ziehen, was nur möglich ist. Manchmal auch mit eurer mangelnden Bereitschaft, Spannungen auszuhalten. Und Durststrecken durchzustehen. Es hat auch etwas mit der Verfasstheit der Natur zu tun. Sie ist nicht einfach nur gut. Sie folgt eigenen Gesetzen. Euer Virus: Es kennt weder gut noch böse. Es weiß nur, wie es funktioniert. Und wie es überlebt."

„Das weiß ich doch!", gebe ich zur Antwort. „Aber die Botschaft. Was ist die Botschaft?" „Das liegt doch auf der Hand," höre ich es aus dem kleinen Tischlautsprecher tönen. „Kehrt um!, lautet die Botschaft. Lebt bewusst. Lebt so, dass es nicht nur für euch von Vorteil ist. Sondern für eure Gemeinschaft. Für den ganzen Planeten müsstet ihr heute sagen. Aber so weit ging mein Blick damals noch nicht. Beherzige in Zukunft die Prophetenregel Nummer 2: *Der Weg in die Zukunft verläuft nur durch Umkehr nach vorne. Umkehr in die Zukunft, darum geht's am Ende!"*

Das Lied von der Umkehr (Strophe 2)

Sing für Gerechtigkeit
dein Lied und lass weltweit
den Frieden blühen!
Was noch nicht ist, kann sein.
Zur Umkehr lade ein!
Lass Hoffnung glühen.

Ich muss nachdenken. „Also moralische Appelle – ist es das, was du mir als Rat gibst?" Manchmal sind die gar nicht so übel"; antwortet der Prophet J. „Aber es geht um etwas anderes. Es geht um Botschaften des Lebens. Es geht um Botschaften der Zukunft. Es geht um Botschaften des Neuanfangs. Das sind die Botschaften, die Gott mir aufträgt."

„Aber manchmal warst du ganz schön konservativ!" unterbreche ich ihn. „Suchet der Stadt Bestes, hast du deinen Landsleuten ins Exil geschrieben. Kein Widerstand. Anpassung an den Unterdrücker!" „So einfach ist das nicht. Und so falsch kann ich damit nicht gelegen haben. Kaum eine Festrede in euren weltlichen Empfängen kommt ohne diesen Satz aus. Man muss die Botschaft jedes Mal neu suchen. Und statt blindlings gewähltem Untergang kann sie auch einmal Wandel durch Annäherung lauten."

Und was heißt das jetzt für deine Botschaft für uns?",
frage ich keck zurück. „Irgendwie schon so, wie du mich
einschätzt. Mit blindem Protest und mit Aufrufen zum Widerstand kommst du gegen das Virus nicht an. Also: einfach
negieren. Einfach sagen, mich betrifft das nicht, das ist
höchst gefährlich. Nicht nur für dich. Sondern auch für andere. Fürs Erste müsst ihr lernen, euer Leben drauf einzu-
stellen. Mit allen Vorsichtsmaßnahmen. Aber ohne dabei
das Leben zu vergessen. Ihr habt noch Freiräume genug.

Beherzige in Zukunft die Prophetenregel Nummer 3:
Stärke, was dem Leben dient, darauf setze all dein Kraft. Nicht
darauf, dich von den lebenszersetzenden Kräften lähmen zu
lassen.

Das Lied von der Umkehr (Strophe 3)

Gib deinem Glauben Raum!
Lass wie von einem Baum
viel' Früchte fallen –
nicht nur für dich allein!
Üb' dich ins Teilen ein.
Auch Gott gibt allen.

„Du hast gut reden!", lege ich jetzt aber trotzdem Widerspruch ein. „Mit solchen Dingen wie mit Viren und ganz
neuen Krankheiten musstest du dich vor zweieinhalbtausend Jahren nicht herumschlagen. Wahrscheinlich hast du
auch von Stress und Burnout noch nichts gehört."

„Du irrst dich!", gibt der Prophet entschieden zurück.
Hast du noch nie etwas von meinen Klageliedern gehört? Es
ist nur der Güte Gottes zu verdanken, dass es nicht längst

Garaus mit mir war. Mein Amt hat mich immer wieder an den Rand des Zusammenbruchs gebracht. Nicht weil es mich überfordert hätte. Sondern weil kaum einer auf mich gehört hat. Einfach auch einmal nur still zu halten, das war nicht das Ding meiner Landsleute. Dafür sind sie am Ende im Exil gelandet. Verschleppt nach Babylon. Mich hat man am Ende in Ägypten inhaftiert. Und dort zuletzt auch umgebracht. Beherzige darum in Zukunft die Prophetenregel Nummer 4: *Es braucht allemal Mut, die Botschaften des Lebens weiterzusagen. Es kann dich Kopf und Kragen kosten. Aber um Gottes und der Menschen Willen – du hast keine Alternative.*"

Das Lied von der Umkehr (Strophe 4)

Verwirf die böse Tat!
Vertrau nur nicht dem Rat
stets nur zu mehren.
Wer dem Verzicht vertraut
und nach den Nächsten schaut,
wird so Gott ehren.

Ich versuche es ein letztes Mal. „Was also ist die Botschaft dieser besonderen Wochen und Monate bei uns?" frage ich den Propheten (groß) J. (punkt). „Es ist doch alles gesagt!", gibt der Prophet zurück, dieses Mal fast etwas unwirsch. „Macht Gott nicht verantwortlich, sondern übernehmt selber Verantwortung. Schaut, wovon ihr umkehren müsst. Aber lasst euch das Leben nicht verleiden! Im Übrigen: Gott ist dennoch nicht aus dem Spiel. Gott will, dass ihr lebt. Und dass ihr Zukunft habt.

Nutzt diese Sommerwochen, um Abstand zu gewinnen. Nicht den körperlichen meine ich jetzt. Sondern den seelischen. Da, wo du jetzt bist, hast du den besten Ort dafür gefunden. Urlaub, das heißt doch: Grenzen einüben auf Zeit. Den kleinen Ort genießen. Die kleine Unterbrechung. Die kleine Erfahrung purer Lebensfreude. Meine fünfte und letzte Prophetenregel lautet daher: *Es sind nicht die Grenzen, die andere dir setzen, die dein Leben eng machen. Es sind die Grenzen, die du dir selber setzt.* Gott weiß diese Grenzen allemal zu weiten. Zuhause und hier auf der Insel. Im Alltag und im Gottesdienst. Im Zweifel und im Suchen. Und im Finden und im Feiern.

Deuter, Deuterin des Lebens bist auch du. Um zu entlarven, wo's nur um Macht geht. Auch im Interesse von Religion. Es muss ums Leben gehen. Dann kann euch keine Grenze mehr halten. Über Königreiche und Völker hat Gott mich gesetzt. Mir die Macht verliehen, einzureißen und aufzubauen. Aber nicht nur mir. Ihr alle – du, Sie und ich – Deuterin und Deuter des Lebens kannst du sein. Dem Virus am Ende seine Grenze setzen. Und diese Umkehr in die Zukunft – wo kannst du die besser einüben als da, wo du gerade bist."

Da verschwindet das Bild des Propheten von meinem Bildschirm. Und kurz und schemenhaft taucht ein anderes Bild in der Galerie auf. „Ich will euch Zukunft und Hoffnung geben", verstehe ich. Und dann noch: „Ich bin gekommen, damit Ihr das Leben gewinnt, Leben in Fülle!"

Ich weiß, das war noch einmal ein anderer. Mir ganz nah. Und doch auch gegenüber. So wie Gott mir gleichermaßen nahekommt und mir Gegenüber bleibt. Der Schlüssel, um recht zu deuten, was mir im Leben widerfährt. Was mir entgegenkommt. Was mein Leben das eine Mal leicht macht. Und das andere Mal so unglaublich schwer.

Und mit einem Mal bin ich dem Propheten (groß) J. (punkt) unendlich dankbar. Gott hat mich im Blick. Und: Ich habe Zukunft. Das trägt. Hier auf der Insel. Und danach auch. Ganz gleich, was noch alles kommt.

Und wieder spüre ich den Ostwind. Höre das Geräusch des Wassers und das Kreischen der Möwen. Und sehe die Welt doch mit einem Mal ganz neu. Was für ein Wunder. Amen.

Das Lied von der Umkehr (Strophe 5)

Nimm wahr: Gott lädt dich ein,
ganz einfach Mensch zu sein
mit wachen Sinnen –
dem Leben auf der Spur,
versuch das Wagnis nur,
neu zu beginnen.

Irgendwie bin ich immer selber mittendrin!
Geistliches Wort zu Apostelgeschichte 6,1-7, veröffentlicht auf der EKIBA-Website für den 6. September 2020 (13. Sonntag nach Trinitatis)

Als Kind hat mich dieser Anblick fasziniert. Ein Bienenstock, mitten durchgeschnitten, die Schnittfläche nur mit Glas überzogen. So lässt sich das muntere Treiben der Bienen um ihre Königin hinter der sicheren Scheibe gefahrlos verfolgen. Ein Gemeinwesen, in dem ständig alles in Bewegung scheint, aber alles irgendwie doch auch nicht nur zufällig, sondern nach einem unsichtbaren Gesetz und nicht gleich durchschaubaren Regeln verläuft.

Der Bericht aus Apostelgeschichte 6 hat mich an diesen Querschnitt hinter Glas erinnert. Beim Lesen erhalte ich Einblick in eine Bewegung im Dauerprozess der Veränderung. Die Kirche ganz am Anfang ihrer Entwicklung – nicht einfach eine Gemeinschaft, in der die Gläubigen „ein Herz und eine Seele" sind, wie es kurz davor in der Apostelgeschichte berichtet wird. Vielmehr bewegt sich diese noch junge Bewegung von der Mitte nach außen, auch geographisch; sie bewegt sich hin und her in konfliktreichen Bewegungen unterschiedlicher sozialer Gruppen. Sie ist auf der Suche nach neuen, angemessenen Organisationsformen. Und am Ende weiß ich: Den sicheren Ort hinter der Glasscheibe gibt es gar nicht. Ich bin irgendwie immer selber mitten drin.

Jetzt aber noch einmal der Reihe nach. Es ist ein dreifacher Blick durch das Glas, den mir dieser Text ermöglicht. Zunächst der erste Blick! Zur jungen Bewegung der vom auferstandenen Christus faszinierten Menschen gehören nicht nur diejenigen, die aus dem Kreis der in Jerusalem und Umgebung lebenden Menschen stammen. In der Region leben auch jüdische Menschen, die griechisch geprägt sind und auch diese Sprache sprechen - als Nachkommen derer, die im weiten Rund des hellenistisch geprägten Mittelmeerraumes ihren Glauben an den Gott Israels leben gelernt haben. Beide Gruppen leben Tür an Tür oder Wohnquartier an Wohnquartier, sind sich in ihrem Gottesglauben ganz nah – und gehören doch sehr unterschiedlichen sozialen Gruppen an, was die kulturellen und religiösen Prägungen angeht, aber auch im Blick auf ihre materielle Situation.

Dies legt der zweite Blick durch die Glasscheibe offen! Die Armenfürsorge behandelt nicht alle gleich. Die Bedürftigen aus dem Bereich der nicht aus dem Jerusalemer Umfeld stammenden Menschen – die Witwen werden ausdrücklich genannt – kommen zu kurz. Die selbstbewusste und besser situierte Jerusalemer Gruppe übersieht sehr gerne, dass nicht nur die eigene Klientel auf Unterstützung angewiesen ist. Irgendwann ist das Maß voll. Und aus dem Murren wird Protest. So ungerecht kann es nicht weitergehen.

Was dann folgt, zeigt sich im dritten Blick durch die Glasscheibe auf die Dynamik der jungen Kirche von Jerusalem. Das alte System der ehrbaren Altvordern, die aufgrund ihrer Nähe zu Jesus aus Nazareth unhinterfragt das Sagen haben, verliert seine Plausibilität. Zum Zwölferkreis kommt ein – durch Auswahl entstandener - Siebenerkreis hinzu. Es geht nicht einfach darum, dass die Zwölf für die Verkündigung, die Sieben aber für die Diakonie zuständig gewesen seien. Angemessener erscheint die Vermutung, dass sich die Leitungsstrukturen ausdifferenzieren. Zum Amt der Weitergabe der Guten Nachricht von der Menschenfreundlichkeit Gottes in Form der Verkündigung kommt die Kommunikation des Evangeliums in Form der Fürsorge und der Weltverantwortung hinzu. Wort und Tat sind eben seit den Anfängen der Kirche zwei Seiten der einen Medaille des Glaubens. Gerechtigkeit will nicht nur angemahnt, sondern auch gelebt werden. Hinter der Glasscheibe, die den Blick auf die wachsende Kirche ermöglicht, herrscht eine kaum vorstellbare Dynamik – bis heute.

Es gehört zu den schmerzlichen Erfahrungen im Umgang mit der Corona-Pandemie, dass sie nicht alle Gruppen in gleicher Weise trifft. Je prekärer die Lebensverhältnisse, desto größer ist die Wahrscheinlichkeit, betroffen zu werden – weltweit noch viel stärker wahrnehmbar als bei uns. Beengte Wohnverhältnisse, schlechte hygienische Bedingungen, ein mangelhafter Zugang zu frischem Wasser, eine unzureichende medizinische Versorgung, fehlende Grundnahrungsmittel – all das sorgt dafür, dass die einen mehr unter Corona und anderen Krankheiten zu leiden haben als andere.

Aus dem Bericht der Apostelgeschichte ergeben sich durchaus Anfragen an unsere Situation. Wer hat die nötigen offenen Ohren – wie damals, als die ungleiche Behandlung der Witwen einen Prozess des Umdenkens in Gang gesetzt hat? Welches Siebener-Gremium setzen wir ein, das hier mehr Gerechtigkeit einfordert und umsetzt? Welche Ämter müssen wir schaffen oder stärken, damit das Engagement für mehr Gerechtigkeit Hand und Fuß bekommt? Was werden diejenigen bei uns entdecken und wahrnehmen, die in späterer Zeit durch eine andere Glasscheibe einmal auf unser Handeln schauen? Kein Zweifel – sie werden den engagierten Einsatz nicht weniger Menschen entdecken, die mutig für Gerechtigkeit eintreten, aber auch für Frieden und die Bewahrung der Schöpfung. Beeindruckende und mutige Menschen werden sie wahrnehmen, die als Pflegende, als medizinisch Verantwortliche, aber auch als politisch Agierende das Leiden der Menschen an dieser Krankheit zu bekämpfen versucht haben. Ihr Blick wird womöglich auch auf Greta Thunberg, Luise Neubauer und unzählige Schülerinnen und Schüler fallen, aber auch auf viele unbekannt Gebliebene – aber allemal auf viel mehr als nur Sieben.

Zum einen beruhigt mich das. Zum anderen weiß ich: Es sind noch viel mehr Menschen nötig, die bereit sind, Zeit zu opfern und Risiken zu wagen. Und zuletzt frage ich mich: Wie wird der Blick auf mich selber sein? Ob die Zwölf, die Sieben, ob ganz viele weltweit handeln oder ich hier vor Ort – ich finde es allemal höchst entlastend, dass am Ende nicht diejenigen hinter der Glasscheibe das letzte Wort haben, sondern Gott, der einen gnädigen Blick wirft – auf mich und auf alle anderen auch!

Es hat mich umgehauen

Geistliches Wort zu 2. Timotheus 1,7-10, veröffentlicht auf der EKIBA-Website für den 27. September 2020 (16. Sonntag nach Trinitatis)

„Ich hätte nicht gedacht, dass ich mal in einem Fernsehstudio sitzen würde und sagen werde: Der klügste Satz, den ich heute gehört habe, war ein Bibelzitat von Paulus!" Von der Publizistin und Moderatorin Thea Dorn stammt dieser Satz. Geäußert hat sie ihn vor einiger Zeit abends in der Talk-Runde bei Markus Lanz.

Es gibt Sätze der Bibel, die gehen einem Menschen unwiderstehlich unter die Haut. Sogar dann, wenn jemand – wie Thea Dorn in derselben Sendung - von sich behauptet, nicht gläubig und „strukturell eher trostlos" zu sein. Auf dem Weg zum Studio hatte sie an einer Kirche ein Banner hängen sehen, auf dem stand zu lesen: *„Gott hat uns nicht gegeben den Geist der Furcht, sondern der Kraft und der Liebe und der Besonnenheit."* Dieses Bibelzitat", so fährt sie fort, „hat mich in einer gewissen Weise umgehauen, weil ich den Eindruck habe, wir lassen uns im Augenblick massiv vom Geist der Furcht leiten und nicht vom Geist der Kraft, der Liebe und der Besonnenheit. Und ich glaube, dass das nicht gut ist, wenn die Gesellschaft anfängt, sich vom Geist der Furcht bestimmen zu lassen."

Was für Thea Dorn damals im Blick auf die ersten Monate des Lebens unter Corona-Bedingungen gemeint war, scheint auf eine allgemeine Erfahrung gemünzt. Sonst hätte der Schreiber des 2. Timotheusbriefes diesen Satz nicht gleich im Anfangsteil seines Briefes so geschrieben.

Es ist das Selbstzeugnis eines Menschen, der sich selber als in der Tradition des Paulus stehend versteht. Und der wirklich in einer beneidenswerten Furchtlosigkeit schreibt. Und es ist einer der Sätze des Neuen Testaments, die Menschen unmittelbar einleuchten – und wie an der eben beschrieben Erfahrung zu sehen – auch Menschen, die vom 2. Timotheusbrief womöglich noch nie etwas gehört haben.

Der Schreiber dieses Briefes hält mit seiner Haltung der Furchtlosigkeit nicht hinterm Berg. Er tut dies allerdings nicht aus einem besonders ausgeprägten Selbst-Bewusstsein heraus. Ursache seiner besonderen Weise, mit den Herausforderungen der Welt umzugehen, ist eher eine Art Sendungsbewusstsein. Es ist die Tatsache, dass da einer den Tod in seine Schranken gewiesen hat, die ihn so furchtlos mit den sich auch damals hoch auftürmenden Wogen des Lebens umgehen lässt. Die Erfahrung des Ostermorgens hat ihn noch einmal mit einer ganz anderen Wucht „umgehauen" wie das Banner mit dem Bibelvers die Moderatorin Thea Dorn. Und sie bringt ihn zum Reden und zum Schreiben – wie seine Kollegin zweitausend Jahre später im Studio in Hamburg.

Die äußeren Rahmenbedingungen waren zwei oder drei Generationen nach den Ereignissen um Jesus aus Nazareth sicher nicht sorgloser als die unsrigen – Corona und allem, was das Leben beeinträchtigt zum Trotz. Krankheiten zu Hauf – ohne schnell erreichbare High-Tech-Kliniken mit ihren Intensivstationen. Dem Überschwang der ersten Jahrzehnte einer wachsenden Zahl von Menschen und zahlreichen Gemeindegründungen ist der Notwendigkeit gewichen, die neu aufwachsenden Strukturen der Kirche zu erhalten und zu stabilisieren. Geistliche Trittbrettfahrer nutzen die Gelegenheit, in der allgemeinen

Verunsicherung den Grundbestand des Glaubens in Frage zu stellen und eigene Botschaften unter die Leute zu bringen. Jetzt sind Zeiten der Konsolidierung angesagt. Damals war das so! Heute, wie ich finde, auch! Da geht es nicht darum, die eigenen Reihen fest geschlossen zu halten. Im Gegenteil. Eine Mentalität des Rückzugs aus der Welt ist meist der Anfang des Endes einer Bewegung. Da halte ich mich lieber an die Weisheit Jesu: „Wer nicht gegen uns ist, ist für uns!" (Markus 9,40)

Ohne den Geist Gottes kann ich hier leicht die Bodenhaftung verlieren.

Deshalb vertraue ich dem *Geist der Kraft*, der mich aus der Lethargie des Unglaubens herausreißt und mutig meine Schritte setzten lässt.

Deshalb vertraue ich dem *Geist der Liebe*, weil mich dieser Geist aus meiner Selbstbegrenzung und dem ewigen um sich selber Kreisen herausreißt.

Deshalb vertraue ich nicht zuletzt auch diesem *Geist voll Besonnenheit*. Schließlich will ich nicht blindlings gleich an der nächsten Ecke scheitern, sondern meine Kräfte sinnvoll einsetzen.

Dieser Geist tut uns in diesen Tagen gut. Der Welt wie der Kirche. Mir als Einzelnem wie der ganzen Gesellschaft, in der ich lebe. Und er lässt niemanden „strukturell eher trostlos" zurück. Ehrlich gesagt: Ich hätte schon auch gerne etwas mehr von der Unbefangenheit, mit der sich Thea Dorn diesem Satz aussetzen konnte. In ihrer Erfahrung, dass es sie irgendwie „umgehauen" hat, war genau dieser Geist am Wirken. Und hat den vielen Berufungsgeschichten eine neue, ganz andere, hinzugefügt. Zu schön ist das, um nicht wahr zu sein!

Auch Gott trägt manchmal Maske
Geistlicher Impuls am Beginn der Delegiertenversammlung der ACK Baden-Württemberg im Waldheim in Stuttgart-Degerloch am 1. Oktober 2020

Liebe Schwestern und Brüder!

In der Hand halte ich, was derzeit niemand von uns entbehren kann: eine Maske, eine Mund-Nasen-Bedeckung, wie es korrekt heißt. Nach anfänglicher Skepsis hatte sich dann schon im April die Einsicht durchgesetzt: Die Mund-Nasenbedeckung schützt meine Mitmenschen. Inzwischen wissen wir aber: Sie schützt auch uns selber.

Ganz gewöhnt habe ich mich an diese Maske noch nicht. Manchmal vergesse ich sie auch. Und muss dann noch einmal umkehren. Manchmal nimmt sie mir den Atem, vor allem bei langen Bahnfahrten. Aber sie ist einfach alternativlos. Wer sie nicht trägt, muss mit einem Bußgeld rechnen. Außer in Sachsen-Anhalt. Aber die Menschen haben wohl eine besonders coronarestistente DNS.

Viele Menschen leiden sehr darunter, dass sie derzeit ihr Gegenüber nicht richtig sehen und wahrnehmen können. Die Mimik, die Veränderungen im Gesicht, die Mundwinkel – sie alle bleiben hinter der Mund-Nase-Bedeckung verborgen. Wenn ich das Angesicht meines Gegenübers nicht sehe, ist seine Gegenwart nicht in der Weise eindrücklich wie sonst. Und ich frage mich: Wie lange müssen wir unser Gesicht – zumindest zu Teilen - noch voreinander verbergen?

Auf der anderen Seite mache ich aber auch eine andere überraschende Entdeckung. Die Maske, der getragene Mund-Nasen-Bedeckung, hat auch etwas ungemein Enthüllendes. Sie sagt mir durchaus auch, mit wem ich es – trotz aller Verhüllung - zu tun habe.

Nur ein paar ganz profane Beispiele:

Die einen tragen Massenware, andere tragen textile Masken, farblich und stofflich abgestimmt auf ihre sonstige Kleidung. Die Verhüllung vermag also durchaus den Modebewussten oder die Modebewusste zu enthüllen.

Die einen ziehen die Maske im letzten Augenblick auf, andere tragen sie auch sonst beim Gang durch die Stadt, beim Spaziergang oder wo sonst auch immer. Die Verhüllung vermag also die besorgte Person, vielleicht auch die risikobehaftete Person zu enthüllen.

Manche tragen die Maske nur über den Mund, andere tragen sie gar nicht. Da die Maske aber mehr als mich selber mein Gegenüber schützt, vermag die ausbleibende Verhüllung auch die Geringschätzung der Fürsorge für meine Nächsten sehr wohl zu enthüllen.

Es gibt auch Menschen, für die ist der Mund-Nase-Schutz überhaupt ein Symbol unerträglicher Allmacht eines Staates. Verstehen kann ich das nicht wirklich. Aber die dann bestenfalls mit Zwangsgeld herbeigeführte Enthüllung vermag zu enthüllen, dass hier jemand im besten Fall im Widerspruch zu subjektiv nicht erträglichen Einschränkungen lebt, viel wahrscheinlicher querdenkerisch oder auch kryptofaschistisch unterwegs ist.

Im Alten Testament wird immer wieder davon gesprochen, dass Gott Menschen sein Angesicht zuwendet. Und wenn Gott Menschen sein Angesicht vorenthält, wird dies Anlass zur Klage: „Wie lange willst du dein Angesicht noch vor mir verhüllen, Gott?" (Psalm 13,2b)

Auch Gott trägt manchmal also eine Maske. Ist für uns nicht zu sehen. Oder bestenfalls nur zu erahnen. Gott wird dann zum verborgenen Gott, zum deus absconditus. In der Verhüllung, im Sich-Verbergen, enthüllt Gott seine Gegenwart – freilich ganz anders, als ich es gerne hätte.

„Wie lange willst du dein Angesicht noch vor mir verhüllen, Gott?" Allein die ernstgemeinte Frage nach Gott setzt, so meine ich, Gottes Gegenwart, Gottes Existenz gewissermaßen voraus. Auch wenn ich mich als von Gott verlassen und vergessen erlebe – auch dann bin ich mitnichten gottvergessen. Und auch nicht gottverlassen.

In den Unwegsamkeiten meines Lebens, in den Lücken meiner Sicherheiten den Platz Gottes offenzuhalten, ihn nicht anderweitig zu besetzen, sondern ihn zumindest in seiner Leere zu ertragen – bis dann, wenn Gott mir sein Angesicht wieder zuwendet, das ist das Geheimnis des langen Atems. Das ist der Ort, an dem Gottes Geist seine Wirkung entfalten könnte. Das ist der Nährgrund des Dennoch meines Glaubens.

Davon lasse ich mich stärken – in Coronazeiten, in den Zeiten, in denen man eher welkt als blüht, wie Käthe Vortriedte sie genannt hat – bis Gott mir sein Angesicht wieder unverhüllter zuwendet. Im Übrigen gehört es auch zu den Weisheiten der Hebräischen Bibel, das ich dieses Leuchten des Angesichts Gottes gar nicht wirklich ertragen könnte.

Schon Mose musste sein Angesicht bedecken, weil die Israeliten nicht einmal den Widerschein des Leuchtens Gottes auf seinem Angesicht ertragen konnten.

Ich will mir also auch für die Zukunft auf alle Fälle eine Maske vorsorglich aufheben. Wer weiß, wofür ich sie noch einmal brauche.

Gebet

Dein Angesicht, Gott, möge mir freundlich entgegenkommen. Unverhüllt immer wieder, mit Botschaften, die mich leben lassen. Und mit Menschen, deren Nähe mich beflügelt.

Verhüllt möge ich dein Angesicht ertragen, Gott, im Vertrauen, dass du die Lücken meines Lebens füllst und mich trägst, wenn ich nicht weiß, wohin ich meine Augen richten soll.

Entdecken möchte ich, Gott, was mir verhüllt erscheint, was aber die Gesichter der Menschen in anderen Kirchen zum Leuchten und Strahlen bringt.

Suchen, Gott, möchte ich Dein Angesicht von früh bis spät, bewusst oder eher nebenbei, in meinem Tun und in meinen Sitzungen, in meinem Lassen und Aufatmen. Heute. Und jeden Tag aufs Neue. Amen.

Ein Mund voller Lachen
Geistliches Wort zu 1. Mose 18,1-2.9-15, veröffentlicht auf
der EKIBA-Website für den 20. Dezember 2020 (4. Advent)

Nein, zum Lachen ist mir nicht in diesen Zeiten! Aber zum Hoffen! Adventlich gestimmt darauf warten, dass sich weihnachtlich alles zum Besten wendet – darum soll's doch gehen in diesen Tagen. Aber Weihnachten ist in diesem Jahr nicht so, wie es immer war. Und schon gar nicht so, wie ich es gerne hätte. Weniger Menschen unter dem Christbaum als sonst. Keine Kirche, so dicht mit Menschen gefüllt, wie es die weihnachtlichen Gottesdienste sonst so einzigartig macht. Keine Möglichkeit, mich zumindest zwischen den Jahren mit Menschen zu treffen, für die ich das Jahr über kaum Zeit finde.

- Lied „Die Nacht ist vorgedrungen", Strophe 1 -

Nein, zum Lachen war ihnen nicht in diesen Zeiten! Aber zum Hoffen! Eigentlich nicht einmal mehr dazu. Das alt gewordene Paar hat sich von seinen Träumen verabschiedet. Sarah ist 90 Jahre alt, ihr Mann Abraham sogar 100 Jahre. Risikogruppe sind sie. Sie riskieren, dass ihre Lebenslinie durch die Generationen reißt. Herden, die sich vergrößert haben. Weideland bis zum Horizont. Reichtum haben sie angesammelt. Aber der wird nicht in der Familie bleiben. Von der Zusage Gottes, dass sie Zukunft haben werden – und das hieß in ihrer Situation vor allem der weitergesponnene Faden der Familie in Kindern und Kindeskindern – ist nur noch die resignative Einsicht geblieben, dass es eben nicht hat sein sollen. Wenn das Lebensende in den Blick kommt, bleibt nur noch das Bilanzieren. Die alten Wege sind nicht noch einmal neu zu gehen.

Bei den beiden kam alles anders. Die beiden gefährdeten Menschen können erleben, was derzeit kostbaren Seltenheitswert besitzt. Unerwartet steht Besuch vor der Tür. Und sie lassen sich nicht bitten. Wer Bedürftigen die Tür öffnet, begegnet am Ende Gott selber. Hier ist es nicht anders. Das Beste ist ihnen für ihre Gäste gerade gut genug. Eben noch vom Shutdown ihrer Lebenspläne bedroht, erhalten Sara und Abraham Perspektive: „Übers Jahr will ich wiederkommen." Der Lebenszyklus ist noch nicht zu Ende. Frühling, Sommer, Herbst und Winter – die beiden können diese Abfolge aufs Neue erleben. Doch noch mit viel mehr als dieser zusätzlichen Spanne Leben wird ihre Seele genährt: „Übers Jahr will ich wiederkommen. Und dann ist alles anders!" Leben wird ihnen zugesagt. Ein Kind. Der nicht mehr für möglich gehaltene Hoffnungsträger ihres Lebens. Übers Jahr soll alles anders sein.

Zum Lachen ist das, wenn es nicht so ernst wäre. Sara lacht! Ehrlich gesagt – kein Wunder! Sie müsste lernen, realistisch zu hoffen. Ihre Zukunft im Kind der anderen, im Sohn der Hagar, zu sehen. Was ihr bleibt, ist Realismus. Alles hat eben seine Zeit. Was ihr bleibt, ist Sarkasmus. Gott, von Ewigkeit zu Ewigkeit, hat gut reden. Was ihr bleibt, ist Auflehnung. Glauben, gegen allen Augenschein, ist einfach unzumutbar. Was bleibt Sara anderes als ein hilfloses Lachen. Unhörbar, wie sie meint. Aber laut aufgellend in den Ohren der drei Besucher. Unüberhörbar – ihr Lachen in Gottes Ohr! Übrigens, Abraham lacht genauso (1. Mose 17,17). Einmal mehr ein Zeichen unsäglicher Rollenzuweisung, dass sich nur das Lachen Saras in der Erinnerung der Jahrhunderte niederschlägt.

Übers Jahr kommt Gott wieder. Und die Eltern, scheinbar längst herausgenommen aus dem Spiel des Lebens, sind von Neuem in die Spur gesetzt mitten hinein in die Zukunft. Denn Gott setzt ihrer Verzagtheit sein Lachen entgegen. Isaak, zu deutsch: „Er lacht!" Gott selber. Sara und Abraham. Und dann eben auch der, der den Grund zum allseitigen Lachen abgibt, Isaak.

- Lied „Die Nacht ist vorgedrungen", Strophe 4 -

Nein, zum Lachen muss uns nicht sein in diesen Tagen! Aber zum Hoffen! Wieder jeglichen Augenschein haben wir allen Grund dazu. Gott kommt! Nicht erst übers Jahr. Sondern schon jetzt – in diese Ganz-Anders-Weihnacht 2020. Gott kommt – auch mitten hinein in die kleine Anzahl von Menschen. Gott kommt – selbst wenn wir ihn nicht mit „Tochter Zion" aus heiß gesungenen Kehlen empfangen. Gott kommt – auch online und in verteilten Predigtfaltblättern. Gott kommt sogar einfach in einem Lächeln, das mir hinter einer Maske aus Abstand entgegenleuchtet und das mir dennoch zu Herzen geht.

Und übers Jahr kommt Gott womöglich auch in Zeiten mit weniger oder ohne Corona, aber mit neuen Aufbrüchen in unserem Denken und auf weniger zerstörerischen Wegen. Dann wird unser Mund voll Lachens sein. Und unser Hoffen sich als der einzige Weg erweisen, dieser Erde zu einer guten Zukunft zu verhelfen. Also doch: Das Adventslachen bereitet dem Osterlachen den Weg. Und Sara ebnet unserer adventlichen Gestimmtheit den Weg zur Weihnacht.

- Lied „Die Nacht ist vorgedrungen", Strophe 5 -

Gott gibt den Abstand auf
Predigt zum Fest der Weihnacht im Online-Gottesdienst der Kirchengemeinde Schwetzingen, aufgezeichnet in der Stadtkirche Schwetzingen für den 26. Dezember 2020 (2. Weihnachtstag)

Wort-Impuls 1: *Macht – Ohnmacht*

„Er stürzt die Gewaltigen von Thron und erhöht die Niedrigen."

Augustus sitzt scheinbar fest im Sattel. Er hat alle Macht der Welt. Er schiebt Menschen hin und her wie Figuren in einem Spiel. Ihm geht's ums Geld. Und darum müssen die Menschen sich eintragen in seine Steuerlisten. Am Ort ihrer Herkunft.

Maria und Joseph müssen von Nazareth nach Bethlehem. Ihre Reise kommt sie teuer zu stehen. Eine Unterkunft so recht und schlecht. Ein Kind unter schwierigen Bedingungen zur Welt gekommen. Die Prognosen verheißen nichts Gutes.

Hätte der Kaiser ein Einsehen – er würde die beiden zu Hause lassen. Doch Mitleid ist keine seiner bevorzugten Eigenschaften des Kaisers. Aber die Herrschaft der Kaiser ist immer nur von begrenzter Dauer. *Weil Gott den Abstand zur Welt aufgibt.*

Auch Kaiser können ihre Macht nicht mit ins Grab nehmen. Sie müssen sie irgendwann teilen oder abgeben. Am Ende kommt es auf die Kaiser und ihre Nachfolger in unseren Tagen nicht mehr an. Ihre Zeit ist von begrenzter Dauer. Auch heute ist das noch so. Gottes Kraft ist in denen zu spüren, die keine Macht haben. Seit der ersten heiligen Nacht ist das so. Gottseidank!

Lied: *Es ist ein Ros entsprungen*

Wort-Impuls 2: *Gut und Böse*

„Siehe, dein König kommt zu dir, ein Gerechter und ein Helfer!"

Könige kommen. Könige gehen. Bei Herodes ist das nicht anders. Erst versetzt er die Menschen in Angst und Schrecken. Er lässt töten, ohne Rücksicht auf Verluste. Am Ende kommt er selber unter die Räder. Wenn wir uns an ihn erinnern, taucht er als Bösewicht in unseren Gedanken auf.

Herodes hat nichts mehr zu erhoffen. Seine illustren Gäste, die Sterndeuter aus dem Osten, lassen ihn links liegen. Und wählen für den Weg zurück nach Hause eine andere Strecke. Sein Plan, mögliche Konkurrenten um die Macht aus der Welt zu schaffen, misslingt. Dieses eine Kind entkommt.

Von einem wie ihm haben wir Menschen nichts zu erhoffen. Unsere Hoffnungen ruhen auf einem anderen. Sie ruhen auf einem Kind, das so ganz anders daherkommt. Der Gerechtigkeit wird es zum Durchbruch verhelfen. Denen, die sonst niemanden haben, steht es zur Seite.

Als ein König ganz anderer Art gibt sich dieses Kind zu erkennen. *Weil Gott den Abstand zur Erde aufgibt.* Und

120

unübersehbar nicht auf seine Macht setzt. Weil Gott sich einmischt in die todbringenden Scharmützel dieser Welt.

Nicht immer können wir gut und böse unterscheiden. Doch wir können uns dennoch nicht heraushalten, wenn wir wahrnehmen, was Menschen anderen antun.

Wie eine Zeitansage ist dieses Kind für uns. Es erinnert uns daran, was jetzt dran ist. Wo wir zu reden und wo wir zu schweigen haben. Wo es ums Beten geht. Und wo um das Tun des Guten und Gerechten. Seit der ersten heiligen Nacht ist das so. Gottseidank!

Lied: *Ich steh an deiner Krippen hier*

Wort-Impuls 3: *Fern und nah*

Sie werden aus Saba alle kommen, Gold und Weihrauch bringen und des Herrn Lob verkündigen.

Niemand hatte sie auf dem Plan! Sie leben außerhalb des vertrauten Horizontes. Weit, weit weg. Sie leben in anderen Sphären. Reiche Männer aus fernen Landen. Im Himmel kennen sie sich besser aus als auf der Erde. Die Fixpunkte ihres Lebens, das sind die Sterne.

Ein Stern reißt sie aus ihrem bisherigen Leben heraus. Haben sie ihn dieser Tage auch gesehen? Im südwestlichen Sternenhimmel? Jupiter und Saturn – so eng zusammen wie erst in 40 Jahren wieder. Die große Konjunktion, wie die Himmelsgelehrten dieses Schauspiel nennen. Uns bringt nichts mehr wirklich aus der Ruhe. Uns lässt nichts mehr aufbrechen und das Vertraute hinter uns lassen.

Die drei haben sich das Staunen bewahrt. Wollen der Ursache dieses himmlischen Schauspiels auf den Grund gehen. Ich bin mir ganz sicher: Sie erwarten das irdische Gegenüber zu diesem himmlischen Schauspiel. Der Herrscher des Himmels – mitten auf der Erde. Mitten unter uns.

Ihre Erwartung trügt nicht. Aber dennoch kommt alles ganz anders. Wahrhaftig: *Gott gibt den Abstand zu den Menschen auf.* Nimmt Wohnung in ihrer Mitte. Aber nicht in einem Palast. Sondern in einem Bretterverschlag. Alle, die den Weg dahin finden, gehen als Veränderte wieder fort. Singen neue Lieder. Seit der ersten heiligen Nacht ist das so. Gottseidank!

Ein neues Lied hören Sie jetzt auch. Das Weihnachtslied des Jahres 2020. Detlev Helmer hat mich ermutigt, einen Text zu schreiben. Und hat dann die Worte selber mit den passenden Tönen versehen. Vierstimmig. Vielstimmig. So ist das Lied vom Weihnachtssegen entstanden. Hören Sie selber!

Lied vom Weihnachtssegen *(Strophen 1+2)*

Ich schau, mein Gott, dir selber ins Gesicht,
wenn ich dies ärmlich' Kind der Weihnacht sehe.
Im Schein der Engel strahlt dein Hoffnungslicht,
auch auf den Wegen, die beschwert ich gehe.
Ganz neu kann ich den Blick ins Leben wagen,
weil Freudenworte mich durchs Leben tragen.

Aus fernen Landen kamen dir zu Ehr
die weisen Deuter deiner Himmelszeichen.
Und strahlend heller Glanz im Sternenmeer
lässt sie von dir beschützt ihr Ziel erreichen.
Voll Mut will ich den neuen Ufern trauen
und auch am fremden Ort mir Zelte bauen.

Wort-Impuls 4: *Himmel und Erde*

Ehre sei Gott in der Höhe und Friede auf Erden bei den Menschen seines Wohlgefallens.

Großes Theater ist das, was sich da abspielt in tiefster Nacht - draußen vor der Stadt. Die Bühne dicht gefüllt. Kein Abstand von einem Himmelsboten zum Nächsten. Sie stehen so, wie es in anderen Jahren in der heiligen Nacht in den Kirchen zugeht. Und sie singen so, wie es uns derzeit verwehrt ist.

Der Regisseur dieses Welttheaters zieht alle Register seiner Möglichkeiten. In Piano und in forte. Solistisch und im Chor. Im Himmel und auf der Erde.

Die Message übersteigt alles, was Menschen sonst gehört haben. Oben im Himmel – das nie endende Lob Gottes: *Ehre sei Gott in der Höhe!* Unten auf der Erde: *„Und Frieden bei den Menschen seines Wohlgefallens!"* Der ewige Frieden. Viel länger als die Pax Augusta, die der Kaiser der Weihnacht ermöglicht haben soll. Viel grundlegender als der ewige Frieden, den Immanuel Kant in der Zukunft verwirklicht sehen wollte. Frieden auf Erden bei den Menschen, an denen Gott seine Freude haben kann.

Himmel und Erde im Zustand der Entsprechung. Himmlisches Gotteslob und irdischer Frieden gehören untrennbar zusammen. Gott gibt den Abstand zwischen Himmel und Erde auf. Beide kommen nicht mehr voneinander los. Seit der ersten heiligen Nacht ist das so. Und an uns liegt es, dass es auch weiter so bleibt. Und daran, dass Gott seinen Segen dazu gibt. Amen.

Gottes neue Lieder für die Erde klingen bis heute weiter. Und auch das neue Lied für diese Weihnacht ist nicht zu Ende. Noch einmal lade ich Sie ein zu hören.

Lied vom Weihnachtssegen *(Strophen 3+4)*

Augustus schickt die Menschen durch die Welt.
Der Armen Schicksal macht ihm keine Sorgen.
Ihn kümmert nur die Macht. Auf freiem Feld
bleibt oft der Schlafplatz nur, ihm ist's verborgen.
Mit Menschen guten Willens mich vernetzen
will ich, und bösem Treiben Grenzen setzen.

Ein Engel achtsam mit Maria spricht.
Im Traum kann Josef gute Zukunft schauen.
Die Hirten blendet nachts der Engel Licht,
ihr Friedenslied lässt sie dem Leben trauen.
Gott gibt den Abstand auf, kommt mir entgegen
und macht mich kühn – was für ein Weihnachtssegen!

Gebete

Liebe, die ansteckt

Gott, schöpferische Kraft der Liebe,
an die will ich denken,
die sich von deiner Liebe haben anstecken lassen -
durch all die Jahrhunderte hindurch,
bis heute.
Nichts kann mich bedrohen,
wo deine Liebe den zerstörerischen Kräften
den Boden entzieht –
ja da, wo deine Schöpfung
das Dunkel in Schranken weist
und für immer licht bleibt.

Gott, in mir atmend durch deinen Geist,
du hast meinen Geist durchdrungen.
Mit meinem Verstand kann ich Wege ersinnen,
damit deine Liebe unaufhaltsam
Raum gewinnt unter uns!
Mit deiner Phantasie finde ich Lösungen,
die ich vorher nicht im Blick hatte –
ja auch dann, wenn mir,
wie beim Kampf gegen dieses Virus,
nur der Verzicht auf Nähe
und das Vertrauen in Wissenschaft und Forschung
als Möglichkeit bleiben.

Gott, Mensch gewordene Liebe in Jesus.
In ihm hat Hand und Fuß bekommen,
wofür du uns Menschen gedacht und geschaffen
hast:

Mich selber anzunehmen, wie ich bin,
mich einzusetzen für andere mit all meiner Kraft –
an ihm richte ich mich aus,
um allen zersetzenden Kräften
keine Macht zu geben über mich –
ja um nicht irre zu werden am Leben.

(Gebet zum Geistlichen Wort für den 5. April 2020)

Nachfolge, auf dem Weg zur Auferstehung

Dir nachfolgen in guten Tagen, Gott, dazu bin ich gerne bereit.

Wenn wahr wird, was ich mir wünsche, orientiere ich mich gern an dem, was ich als deinen Willen zu erkennen glaube. Wenn mir gelingt, was ich mir vornehme, dann bin ich nur zu gerne überzeugt, dass du Gutes für mich im Sinn hast.

Dankbar bin ich, dass mir solche Tage immer wieder geschenkt sind.

Dir nachfolgen in dunklen Tagen, Gott, dazu fehlt mir oft die Kraft und der Mut

Wenn ich mich eingeschränkt fühle in meinen Möglichkeiten, vergesse ich leicht, wie gut es mir immer noch geht. Wenn der Erfolg ausbleibt und meine Träume in sich zusammenfallen, mache ich dich gerne dafür verantwortlich.

Dankbar bin ich, dass solche Tage nicht mein täglich Brot sind.

Dir nachfolgen in unbekannte Tage, Gott, das gelingt mir, wenn ich mich ganz auf dich verlasse. Wenn ich mutig den ersten Schritt setze, ohne mich nach allen Seiten hin abgesichert zu haben. Wenn ich mit offenem Herzen auf die zugehe, die auf meine Solidarität und meine Nächstenliebe angewiesen sind.

Dankbar bin ich, dass mein Glaube beim Gang übers Wasser in deiner Nachfolge kühn wird und ich eine Ahnung bekomme, was Auferstehung bedeutet – auch in meinem Leben. Amen.

(Gebet zum Geistlichen Wort für den 26. April 2020)

Kirche, die in Bewegung bleibt

Deine Kirche bleibt in Bewegung, Gott! Von der Mitte an die Ränder – von denen, die ihre Schäfchen im Trockenen haben, zu den Habenichtsen. Von den Lauten und Mächtigen zu denen, die ich leicht übersehe und überhöre. Nimm mich hinein in deinen Weg mitten ins Leben!

Deine Kirche bleibt in Bewegung, Gott! Von denen, deren Leben mir nah ist, zu denen, die ich nicht gleich verstehe - von denen, deren Lebensentwurf mir einleuchtet, zu denen, die so ganz anders sind. Von den vertrauten Farben und Tönen zu den schrillen und grellen Weisen, dem Leben hinterher zu kommen. Nimm mich hinein in deinen Weg mitten ins Verstehen der anderen.

Deine Kirche bleibt in Bewegung, Gott. Von den überlieferten Weisen, ihr Gestalt zu geben, zu vielen Formen des Aufbrechens und neu Anfangens. Aus den eingefahrenen Gleisen in die Unwägsamkeit dessen, was ich noch nicht kenne. Nimm mich hinein in deinen Weg mitten in das unbekannte Land deiner Zukunft. Amen.

(Gebet zum Geistlichen Wort für den 6. September 2020)

Weitblick, der hoffen lässt

Zu alt, Gott, wie Sara, um noch auf ein Wunder zu hoffen -,

zu jung, Gott, wie Maria, um mit dem Kind schon die Hoffnung der Welt zu tragen -,

zu abgehängt vom Lauf der Welt, Gott, wie die Hirten, die niemand auf dem Plan hatte -,

zu weit weg, Gott, wie die Sterndeuter im Osten, um eine Rolle zu spielen in deinen Plänen für diese Welt -,

zu kleingläubig, Gott, wie ich manchmal, gefangen in den weihnachtlichen Routinen des „Alle Jahre wieder" –

und doch nicht aus dem Blick bei dir, der mich trifft mitten ins Herz und mich lachen lässt, weil du dem Bösen übers Jahr das Zepter der Macht aus der Hand schlägst. Amen.

(Gebet zum Geistlichen Wort für den 20. Dezember 2020)

Kleine Corona-Gebete

Was ich brauche, Gott, ist Zuversicht. Hilf mir, den Glauben an eine bessere Zukunft nicht zu verlieren. Dies wünsche ich auch allen, die sich in Kliniken und Pflegeeinrichtungen um andere Menschen kümmern. Amen.

Dankbar bin ich, dass mir Dinge möglich sind, für die sonst wenig Zeit bleibt. Was mir jetzt als täglicher Schatz zufällt, will ich nicht wieder verlieren. Gut, dass die momentanen Belastungen nicht mein ganzes Leben bestimmen. Ich will es mir bewahren. Auch für die Zeit danach, Gott. Amen.

Die Zahlen der Erkrankungen und der Todesfälle verunsichern mich, Gott. Hinter jeder Zahl steht ein einzelner Mensch. Das möchte ich im Blick behalten. Amen

Die Sorge, dass das Virus Menschen krank macht, die mir nahestehen, oder mich selber befällt, schiebe ich gerne weg, Gott. Ich will anders leben und dankbar jeden Tag genießen, der mir einen Anteil Unbeschwertheit ermöglicht. Amen.

Während alle auf das Virus schauen, rücken die Geflüchteten in den Lagern und die im Krieg lebenden Menschen in Syrien, im Jemen, in Libyen plötzlich weit weg. Sie brauchen unsere Solidarität und Anteilnahme mehr denn je. Halte unser Herz für sie offen, Gott! Amen.

Der „Freitag für die Zukunft" hat den „Wochen gegen Corona" weichen müssen. Dabei hängt beides doch ganz eng zusammen. Lass uns ganzheitlich denken und zukunftsoffen handeln. Amen.

Manchmal halte ich diese Wochen nur für eine unliebsame vorübergehende Unterbrechung meines Alltags. Es ist nicht so. Und es wäre auch nicht gut, wenn es so wäre. Du ermöglichst mir Umkehr und die Änderung meines Denkens. Lass mich diese Umkehr herbeisehnen und feiern, Gott. Amen

maskengebet

es hätte
des abstands
nicht bedurft
um mich vor dir
in sicherheit
zu bringen

unverhüllt
leuchtet
deine gegenwart
mir entgegen
im angesicht
ohne argwohn

im kind
zwischen ochs und esel
zerreißt deine maske
wie im tempel
der vorhang

mit
unhörbaren liedern
bringt
der festgesang
des lebens
verquere mauern
karger borniertheit
zum einsturz

ach dass du
den himmel
zerrissest

Zeitfracht Medien GmbH
Ferdinand-Jühlke-Straße 7
99095 Erfurt, Deutschland
produktsicherheit@kolibri360.de